Friedrich Steinhoff

Das Königtum und Kaisertum Heinrich III.

Eine verfassungsgeschichtliche Monografie

Friedrich Steinhoff

Das Königtum und Kaisertum Heinrich III.
Eine verfassungsgeschichtliche Monografie

ISBN/EAN: 9783743628649

Hergestellt in Europa, USA, Kanada, Australien, Japan

Cover: Foto ©ninafisch / pixelio.de

Weitere Bücher finden Sie auf **www.hansebooks.com**

Das

Königthum und Kaiserthum

Heinrich III.

Eine verfaszungsgeschichtliche Monografie

von

Dr. Friedrich Steinhoff.

Göttingen.
Deuerlich'sche Buchhandlung.
1865.

Meinem Vater

in inniger Dankbarkeit und Verehrung

zugeeignet.

Vorwort.

Die vorliegende Abhandlung bildet den ersten Teil einer von mir vollendeten gröszeren Arbeit über die staatsrechtlichen und verfaszungsgeschichtlichen Verhältnisse des deutschen Reiches unter der Regierung Heinrich III. Da es an Monografien über deutsche Verfaszung unter den Kaisern, die von Arnulf an auf den deutschen Thron gelangten, fehlte — Dönniges „das deutsche Staatsrecht und die deutsche Reichsverfaszung bis auf die Mitte des eilften Jahrhunderts," gibt auf ziemlich reiches Material gestützt einen guten Ueberblick, verweilt jedoch nicht bei einzelnem, — so muste mir die noch immer brauchbare Arbeit von Günderode: „das deutsche Staatsrecht unter der Regierung Otto I." (in seinen von Posselt gesammelten Werken. Leipzig 1787) als Vorlage dienen.

An dieser Stelle erlaube ich mir auch Herrn Professor Waitz, der mich zu historischen Studien angeregt und in denselben gefördert hat, für die Teilnahme zu danken, die derselbe dieser meiner Arbeit geschenkt hat. Leider — und das habe ich selbst hauptsächlich an ihr auszusetzen — konnte sie nicht unter seinen Augen entstehen.

Göttingen, den 1. Juli 1865.

Inhalt.

I. Das Königthum Heinrich III; Wahl und Krönung; Heinrich III. als designierter und gekrönter Thronfolger .... S. 1
II. Verhältnis der slavischen Reiche zum deutschen Königthume unter der Regierung Heinrich III. . . . . . . „ 17
III. Burgund und der Gottesfrieden . . . . „ 28
IV. Italien . . . . „ 36
V. Heinrich III. Kaiserthum und der Patriciat . . . . . „ 41
VI. Bedeutung des Kaiserthumes . . . . „ 48
VII. Das Königthum und die Reichsregierung . . . . „ 50
VIII. Synoden . . . . „ 58
IX. Das Hofgericht . . . . „ 61
X. Einnahmen des Königthums . . . . „ 66
Excurs über die angeblichen Landfriedensbestimmungen . . „ 74

I.

An anderer Stelle ist bewiesen worden [1], wie das deutsche Königthum von Arnulf dem Karolinger her bis auf die Zeit Heinrich II. nie ein erbliches gewesen ist. Das herrschende Geschlecht hatte anerkanntermaszen einen Anspruch auf den deutschen Königsthron, der regierende König designierte den Sohn, durch die Wahl ward dann dieser Anspruch zum Rechte, durch Wahl der Fürsten ward der deutsche König erhoben. Der Stamm der sächsischen Könige bis auf Otto III. starb zu früh aus, als dasz das Princip der Erblichkeit, dem allerdings alle königlichen Geschlechter, welche die deutsche Königskrone trugen, Anerkennung zu verschaffen, das sie zur Geltung zu bringen strebten, auch nur irgend wie durchgedrungen wäre. Heinrich II. kam dann nicht durch allgemeine Wahl auf den deutschen Thron, sondern gestützt auf seine Verwantschaft mit den Ottonen hat er seine Anerkennung auf kecke und gewaltsame Weise bei den deutschen Fürsten durchzusetzen gewust. Nach seinem Tode ist Konrad II. durch gemeinsame Wahl der deutschen Stämme auf den Thron erhoben worden. Schon 1026 designierte er seinen jungen Sohn den deutschen Fürsten als Nachfolger [2]. Ostern 1028, am 11. April, ward dieser von den versammelten Fürsten gewählt und die mit der Erhebung eines deutschen Königs verbundenen Formalitäten und Feierlichkeiten vollzogen. Er ward nach seiner Wahl zu Aachen auf den Stuhl Karl des Groszen erhoben, darauf am Haupttage des Osterfestes gesalbt und gekrönt [3]. Die Krönung hatte

---

[1] R. Usinger in Hirsch's Jahrbüchern des deutschen Reiches unter Heinrich II. Band I, Excurs 3, S. 429.

[2] Wipo, vita Conradi II. c. 2: Conradus consilio et petitione principum regni filium suum Henricum puerum regem post se designavit.

[3] Wipo c. 26: Henricum suum filium ingenii magni et bonae indolis puerum aetate XI annorum principibus regni cum tota multitu-

bei Konrad II. Aribo von Mainz gehabt, die seiner Gemahlin Gisela hatte dieser sich geweigert zu vollziehen und darnach der Kölner Erzbischof Pilgrim vollzogen¹). Er war es, der jetzt ebenfalls den jungen König Heinrich salbte, weihte und krönte. Dasz das deutsche Reich ein Wahlreich sei, vergaszen die Fürsten auch unter der Regierung Heinrich III. nicht. Als 1045 der König erkrankte, und so, dasz man an seinem Aufkommen zweifelte — ein Sohn war demselben damals noch nicht geboren — faszte man sofort von Seiten einiger geistlichen Fürsten sowie Herzog Otto's von Schwaben und Heinrich's von Baiern eine neue Wahl in's Auge²). — Auch der Krönung der Gemahlinnen unserer Könige pflegte wol eine Wahl oder vielmehr eine Zustimmung der versammelten Fürsten voraufzugehen. Es wird uns das von Heinrich III. selbst über seine Gemahlin Agnes gesagt, die — wann und von wem wiszen wir nicht, aber doch wol gleich nach der Hochzeit zu Ingelheim im November 1043 — zu Mainz und deshalb auch vom Erzbischofe jener Stadt feierlichst gekrönt ward³). Die erste Gemahlin Gunhilde, die Princessin von Dänemark, ward Heinrich um Johannis 1036 zu Nymwegen vermählt und ebendaselbst gekrönt⁴).

---

dine populi id probantibus a Piligrino archiepiscopo in regalem apicem apud Aquisgrani palatium sublimari fecit. Tunc in principali dominica Paschae consecratus et coronatus paschalem laetitiam triplicavit. Wolfher, Godehardi vita prior c. 30: Rex Conradus Aquisgrani filium suum Henricum universali cleri populique praeelectione a Biligrimo aquisgranensi archiepiscopo regalis coronae benedictionem suscipere fecit. Godeh. vita posterior c. 23: coronam a Piligrimo cleri plebisque electione honorifice percepit. Annal. Hisdesh. 1039: Dominus Heinrichus ante scilicet in specialem regni monarchiam cleri populique praeelectione coronatus nunc — solio patris inthronizatus.

1) Wipo c. 3 u. 4. Herm. Aug. 1024. Ueber Konrads Wahl und Krönung vgl. Arndt (Göttinger Inaugural-Dissertation) S. 2 ff. Giesebrecht, deutsche Kaiserzeit, II, S. 217 ff.

2) Annal. Altah. 1045.

3) Urk. Heinrichs III. vom 25. Juli 1045 (Beyer, Mittelrh. Urk. B. I. S. 374): notum esse volumus, qualiter nos de nostri statu regni tractantes dilectissimam nobis in Christo contectalem Agnetem a cunctis regni principibus electam et regali more ac pia omnium fidelium nostrorum devotione in Moguntia civitate solemniter consecratam et regalibus insignibus decoratam ad honorem regni nostri sublimavimus.

4) Wipo c. 35. Annal. Hildesh. 1036.

Gleich nach der Geburt seines ältesten Sohnes hat dann Heinrich III. sich bestrebt diesem die Nachfolge im Reiche zu sichern. Am 11. November 1050 war Heinrich IV. geboren, bereits Weihnachten desselben Jahres, als viele Reichsfürsten zu Goslar um den Kaiser versammelt waren, liesz er sie seinem Sohne Treue und Unterwerfung schwören, d. h. er designierte denselben zu seinem Nachfolger [1]). Die eigentliche Wahlhandlung folgte in Tribur im November des Jahres 1053, die Weihe zum Könige und seine Krönung am 17. Juli 1054 zu Aachen ebenfalls durch den Erzbischof von Köln [2]). Dieser hatte auch dem Knaben das Taufwaszer gereicht, dem der Abt Hugo von Clugny Pathe gewesen war [3]). Es war ihm, wie es bereits früher üblich gewesen, vom Papste das Privileg erteilt, die deutschen Könige in seiner Diöcese zu krönen [4]). Da Aachen nun der eigentliche Ort war, wo von jeher die deutschen Könige erhoben wurden, so hat, durch diesen Umstand und besonders durch die beiden ersten Salier selbst begünstigt, der Kölner Erzbischof jetzt das Recht der Königskrönung geltend gemacht, obwohl die Mainzer Erzbischöfe es ihm wegen des Primates über Deutschland, und des Rechtes zur Besorgung der deutschen Reichsangelegenheiten — der Erzbischof von Mainz war zugleich Erzkanzler für das deutsche Reich — hartnäckig bestritten [5]).

Die Gebräuche bei den deutschen Königserhebungen waren immer dieselben, aber nicht in derselben Reihenfolge. Bei Konrad II.

---

[1]) Herm. Aug. 1051: multos ex principibus filio suo iureiurando fidem subjectionemque promittere fecit. Lamb. Hersf. 1052.

[2]) Herm. Aug. 1053: Henricus III. filium suum aequivocum regem a cunctis eligi eique post obitum suum, si rector iustus futurus esset subjectionem promittere fecit.

[3]) Herm. Aug. 1051 Ostern zu Köln. Vgl. Giesebrecht, deutsche Kaiserzeit II, Docum. XII, S. 685.

[4]) Jaffé, regesta pontificum Romanorum Nro. 3248.

[5]) Lamb. Hersf. 1054: Filius Henricus imperatoris consecratus est in regem Aquisgrani ab Herimanno Coloniensi archiepiscopo, vix et aegre super hoc impetrato consensu Liupoldi archiepiscopi, ad quem propter primatum Moguntinae sedis consecratio regis et cetera negotia, regni dispositio potissimum pertinebat. Sed imperator potius Herimanno archiepiscopo vendicabat hoc privilegium propter claritatem generis sui et quia intra diocesim ipsius consecratio haec celebranda contigisset.

folgte auf die Wahl die Krönung zu Mainz, erst darauf ward er auf den Stuhl Karl des Groszen in Aachen erhoben, oder setzte sich selbst darauf, Recht zu sprechen und den Frieden zu schirmen [1]). Bei Heinrich III. Erhebung ging der leztere Act unmittelbar der Wahl vorher oder ward mit derselben verbunden, erst dann folgte die Krönung [2]). Bei Heinrich IV. fand die Erhebung auf den Stuhl Karl des Groszen wol verbunden mit dem Krönungsacte statt. Dasz er, nachdem die Formalitäten, die zur Erhebung eines deutschen Königs erforderlich waren, völlig erfüllt, nachdem er bereits deutscher König war und so genannt ward, erst im Jahre 1056 nach dem Tode Heinrich III. vom Papst Victor II. und den Reichsfürsten nach Aachen geführt und auf den Stuhl Karl des Groszen erhoben worden wäre, beruht wol auf einem Misverständnisse Aventins [3]).

Für Wahl wie Krönung scheinen Formeln vorgeschrieben gewesen zu sein: bruchstückweise nur können wir die ersteren uns zusammenstellen, erhalten liegen die letzteren uns vor. Bei Konrad II. Wahl hatte der Erzbischof von Mainz zuerst seine Stimme abgegeben und Konrad, den fränkischen Herzog gewählt zu „seinem Herrn und König und Schützer und Herrscher des Vaterlandes." Von Heinrich III. Wahl wiszen wir nichts näheres. Heinrich IV. wählte man und versprach ihm nach des Vaters Tode Treue und Unterwerfung, „wenn er ein gerechter Herrscher sein werde." Aehnliche Worte wurden damals gesprochen, als Rudolfs von Schwaben Wahl von den versammelten Bischöfen und Fürsten in Mainz anerkannt ward, und als Heinrich V. die Reichsinsignien vom Erzbischofe von Mainz übergeben wurden, sprach dieser: „Es wird dir ergehen, wie

---

[1]) Wipo c. 6.
[2]) Siehe oben S. 5, Anm. 3.
[3]) Annal. Altah. 1056, denen Giesebrecht, d. K. II, S. 529, gefolgt ist. Wahrscheinlich stand dort: solio patris inthronizatus est, wie die Annal. Hildesh. 1039 von Heinrich III. erzählen. Dasz nach dem Tode Heinrich III. noch einmal grosze Feierlichkeiten stattfanden in Gegenwart Victor II., bezweifle ich nicht. Denn auch sonst krönte der Papst, wenn er einmal in Deutschland war, wol den König. Vgl. Sigebert. Gemblac. 1131 über eine solche Krönung Lothars durch Papst Gregor VIII. Jaffé, Geschichte Lothars S. 97 ff.

deinem Vater, wenn du nicht ein gerechter Herrscher sein wirst."
Es scheint also die Wahlformel eine Verpflichtung enthalten zu
haben, die so oder ähnlich lautete [1]).
Die Krönung war ein feierlicher Act, einzig und erhaben in seiner Art, einem Sacramente vergleichbar. Der gewählte sollte durch die Krönung gleichsam ein anderer Mensch werden. „Erhaben", sagt Petrus Damiani, „ist eine solche Spendung, weil sie eine erhabene Gewalt verleiht. Denn wenn ein Geblüt von solchem Adel, sei es durch Geburt, sei es durch Wahl zum Könige geweiht wird, da wird der ganze weltliche und geistliche Adel, des ganzen Reiches Kraft zusammengerufen. Da steht die ruhmreiche Genoszenschaft der Primaten und Bischöfe, da der achtbare Adel der Herzoge, Grafen und Castellane, inmitten einher schreitet der Mensch, der über Menschen herrschen soll. Dann wird er zu des Höchsten Altare geführt, um des Reiches Beginn von dem zu nehmen, durch den die Könige herrschen [2])."

Vor Beginn des Krönungszuges betete ein Erzbischof, dasz Gott den neuen König mit Verstand und Weisheit erfüllen möge, damit er nicht abweiche von der Bahn der Wahrheit. Dem Könige zur Seite gingen zwei Bischöfe, Reliquien am Halse tragend, im vollen Talare, voran im glänzenden Zuge die Geistlichkeit. Zwei Crucifixe und die heiligen Evangelienbücher wurden vorangetragen. Vor dem Dome stand der Zug, heiliger Gesang erfolgte. Von einem andern Erzbischofe ward ein neues Gebet gesprochen; dann zog man unter Choralgesang in die Kirche. Hierauf sprach der Metropolitan, der die Weihe und Krönung zu vollziehen hatte, abermals ein Gebet, und während darauf ein feierlicher Choral ertönte, warf sich der neue

---

[1]) Wipo c. 2: suum in dominum et regem atque rectorem et defensorem patriae. Herm. Aug. 1053: Filium suum ... regem a cunctis eligi eique post obitum suum si rector iustus futurus esset ... promittere fecit. Berthold 1077: in iustum regem et defensorem totius regni Francorum laudatus unctus et ordinatus est. Annal. Hildesh. 1106: si non iustus regni gubernator existeret et ecclesiarum defensator, ut ei sicuti patri evenisset. Mit Unrecht ist deshalb Giesebrecht d. K. II, S. 485 über die Bedeutung der von Herm. Aug. bei der Wahl Heinrich IV. mitgeteilten Worte zweifelhaft.

[2]) Petr. Damiani serm. VI, 69 in dedic. eccles. Opp. II, 374.

König mit allen Bischöfen und Geistlichen zum Gebet auf die Knie nieder [1]). Der König legte dann drei Versprechen in die Hand des zur Krönung erschenen Erzbischofs nieder, dasz er den heiligen Glauben bewahren und durch fromme Werke betätigen, Wittwen und Waisen und Arme beim Rechte schützen, den Kirchen und Kirchendienern Schützer und Wahrer ihrer Rechte sein, die ihm von Gott verliehene Herrschaft nach der Weise seiner Väter und Vorfahren führen wolle.' Wenn diesz geschehen, richtete sich der Erzbischof an das versammelte Volk mit der Frage, ob es diesem Fürsten sich zu unterwerfen, seine Herrschaft durch stete Treue zu festigen, seinen Geboten in Treue zu gehorchen gewillt sei. Einstimmig und laut pflegte von den Lippen des versammelten Volkes ein Amen zu ertönen.

Es erfolgte die Einsegnung. Auf das Haupt des Königs ward die Kraft Davids und die Weisheit Salamons herabgefleht. Ehre möge ihm zu Teil werden vor allen Völkern, glückliche Herrschaft in allen ihm unterworfenen Ländern und Gebieten, Triumf über alle seine Feinde. Das alles möge Gott seinen Knecht erreichen laszen, den man in Demut vor dem Höchsten zum Könige gewählt habe [2]).

Es wurden Haupt, Brust und Schultern des Königs mit dem heiligen Oele gesalbt im Namen des Vaters, des Sohnes und des heiligen Geistes. Nach abermaligen Gebeten empfing er die Reichsinsignien.

„Nimm hin," hiesz es, „aus den Händen der Bischöfe das Schwert, sei eingedenk dessen, was vom Schwerte der Psalmist sagt: „Umgürte deine Lenden mit dem Schwerte," zeige durch dasselbe die Kraft der Gerechtigkeit, wirf nieder die Ungerechtigkeit, schütze und wahre die Kirche und ihre treuen Diener, kämpfe gegen die Ungläubigen und Feinde Christi, hilf Wittwen und Waisen, Wankendes und Verlaszenes stütze, Gestütztes beschütze, räche und strafe das Böse, schirme die Gesetze. Wenn du so handelst, glänzend durch Tugenden, ein

---

[1]) Das Krönungsformular ist abgedruckt in der Biblioth. maxima patrum XIII, S. 729 ff. Daselbst ist auch die Kaiserkrönungsformel, die in unserer Zeit angewant ward und im ganzen mit jener übereinstimmt. Vgl. was Giesebrecht d. K. II, S. 655 zu der letztern gegen Gfroerer und Gregorovius gesagt. Auszüge davon finden sich in den M. G. Legg. II, S. 78.

[2]) Hunc famulum quem supplici devotione regem elogimus.

Pfleger der Gerechtigkeit, verdienst du mit dem Heilande der Welt in seinem Namen ohne Ende zu regieren" ¹).

„Nimm hin den Ring, das Siegel des Glaubens, bleibe Wahrer und Festiger des Christenthums und des christlichen Glaubens, glücklich im Wirken, reich im Glauben" ²).

„Nimm hin," hiesz es weiter, indem ihm Scepter und Stab übergeben wurden, „den Stab der Tugend und Gerechtigkeit, lerne Fromme lieben und ihnen wolthun, Gottlose züchtigen, Irrenden den rechten Weg zeigen, Gefallenen die Hand reichen. Anweiser sei er Dir, der Gefallene aus dem Gefängnisse führte; ihm folge in allem, von dem David sagt: „Sein Sitz ist in Ewigkeit, die Ruthe der Gerechtigkeit, die Ruthe deiner Herrschaft". Ahme ihm nach, thue das Gute und hasze das Böse" ²).

„Nimm hin die Krone des Reiches. Ruhm der Heiligkeit und Ehre und Thaten der Tapferkeit soll sie dir andeuten. Durch sie hast du Teil auch an unserem Amte. Sowie wir Hirten in Angelegenheiten der Seelen und Lenker derselben sein wollen, so sei du nach auszen ein wahrer Gottesanbeter, ein starker Schützer des Glaubens und der Kirche Christi gegen alle Feinde, ein treuer Pfleger und Beherrscher des dir von Gott und durch das Amt unseres Segens, den wir dir anstatt der Apostel und aller Heiligen erteilen, anvertrauten Reiches. Sei berühmt unter den Helden der Tugend, mit Edelsteinen geschmückt; dort mit dem Erlöser und dem Heilande herrsche ohne Ende, mit ihm, der da lebt und herrscht Gott, mit

---

¹) Accipe gladium per manus episcoporum licet indignas vice apostolorum tamen. Et esto memor de quo psalmista prophetavit: Accingere gladio tuo super femur tuum potentissime, et in hoc per eundem vim aequitatis exerceas, molem iniquitatis potenter destruas et sanctam Dei ecclesiam eiusque fideles propugnes ac protegas nec minus sub fide falsos quam Christiani nominis hostes execres et destruas, viduas et pupillos clementer adiuves ac defendas, desolata restaures, restaurata consecres, ulciscaris iniusta, conformes bene disposita.

²) Accipe regiae dignitatis annulum et per hunc in te catholicae fidei cognoscas signaculum, qui ut hodie ordinaris caput princeps regni ac populi, ita perseverabis auctor adstabiliter Christianitatis et christianae fidei, ut felix in opere, locuples in fide cum rege regum glorieris in aevum.

³) Accipe virgam virtutis atque aequitatis, quia intelligis, mulcere pios et terrere reprobos, errantibus viam pandere, lapsis manum porrigere etc.

Gott, dem Vater und mit dem heiligen Geiste von Ewigkeit zu Ewigkeit" [1]).

Noch einmal ward Segen auf den König herabgefleht, neue Reden und Ermahnungen gehalten, worin es dem Könige besonders ans Herz gelegt ward, vor allem der Bischöfe und Diener Gottes zu gedenken, den Clerus zu ehren, der näher stände dem Throne Gottes.

So ward er zum Throne geführt. „Stehe," ward ihm gesagt, „und behaupte den Platz, weil du Sohn deines Vaters, durch erbliches Recht von Gottes Gnaden und durch die gegenwärtige Uebertragung durch unsere Hände, die wir Diener Gottes und Bischöfe sind, ihn erhalten hast" [2]).

Es folgte der Friedenskuss, das Te deum laudamus und Messe in feierlicher Procession. Auf diese Weise wurden die Könige im 10. und 11. Jahrhunderte gekrönt bis auf Heinrich V. Bei der Königin fand in ähnlicher Weise Salbung, Segnung und Krönung statt unter geeigneten Gebeten, in denen sie auf alttestamentliche Königinnen als ihre Vorbilder hingewiesen ward.

Fast scheint es, als trete in jener Krönungsformel die Idee des Erbkönigthums hervor; nicht nur ward in dem einen Gebete von einem erblichen Rechte des Königs gesprochen, sondern in einem andern heiszt es geradezu: „Mögen in allen Folgen Könige aus seinen Lenden hervorgehen, das Reich zu beherrschen" [3]). Mit Recht ist dagegen eingewant, dasz es

---

[1]) Accipe coronam regni, quae licet ab indignis episcoporum tamen manibus capiti tuo imponitur, eamque sanctitatis gloriam et honorem et opus fortitudinis expresse signare intelligas, et per hanc te participem ministerii nostri non ignores, ita ut sicut nos in interioribus pastores rectoresque animarum intelligimur, tu quoque in exterioribus verus Dei cultor strenuusque contra omnes adversitates ecclesiae Christi defensor regnique tibi a Deo dati et per officium nostrae benedictionis vere apostolorum omniumque sanctorum tuorum regimini commissi utilis excultor regnatorque proficuus semper appareas.

[2]) Sta et retine amodo locum, quem huiusce paterna successione tenuisti hereditario iure tibi delegatum per auctoritatem omnipotentis Dei et praesentem traditionem scilicet omnium episcoporum ceterorumque servorum Dei.

[3]) reges quoque de lumbis regis per successiones temporum futurorum egrediantur regnum hoc regere totum: So hiesz es in der Kaiserkrönungsformel M. G. Legg. II, S. 78.

im Interesse der Geistlichkeit gelogen habe, die Erblichkeit der Krone zu begünstigen [1]). Zudem verstand man damals wie heute zu schmeicheln. An einer andern Stelle der Krönungsformel wird doch auch wieder gerade die Wahl betont [2]). Aber immerhin ward es von den Zeitgenoszen als ein Unglück angesehen, wenn man gezwungen war, die Herrschaft einem andern Geschlechte zu übertragen. Es gieng den Königen wie den Fürsten. Auch diese hatten jenen gegenüber nur einen Anspruch auf ihr Amt, der durch neue Verleihung des Königs zum Rechte ward. Konrad II. hatte die Erblichkeit der Reichslehen begünstigt mit dem Hintergedanken seinerseits, das Königthum in seiner Familie zum erblichen zu machen. Jene haben die Erblichkeit erreicht und erlangt, das Königthum der Salier nicht. Die Fürsten haben vergeszen, dasz sie ihre Aemter und Lehen nur durch die Gnade und die Verleihung ihrer Könige bekommen haben, sie haben nicht vergeszen, dasz die deutsche Monarchie eine Wahlmonarchie gewesen ist; unter Heinrich IV. ward die Wahlmonarchie staatsrechtliches Princip [3]).

Nach der Krönung leisteten alle Fürsten des Reiches, freie Vasallen, überhaupt die Gesammtheit der Freien dem Könige den Fidelitäts- und Huldigungseid [4]). Wir hören nicht, wann dieser Heinrich III. und IV. geleistet ist. Wahrscheinlich ward ihnen gleich bei der Wahl und Krönung Treue und Gehorsam versprochen. Andere mochten beim wirklichen Regierungsantritt huldigen. Gewis ist, dasz, wenn einmal ein Geschlecht auf dem deutschen Throne sich befestigt hatte, wie das der Salier, es mit dem Huldigungseide nicht so genau genommen worden ist, als wenn dem ersten des Geschlechtes die Krone übertragen ward. Heinrich III. spielte zudem schon zu Lebzeiten seines Vaters in den Regierungsgeschäften eine solche bedeutende Rolle, während dem er als Herzog von Baiern, Schwaben und König von Burgund den Eid der ihm untergebenen Fürsten entgegengenommen haben mag. Schon vordem, als ihm Konrad II. Burgund übergab, schwuren ihm als deutschen

---

[1]) Usinger a. a. O. S. 443.
[2]) Vgl. S. 10. Anm. 2.
[3]) Bruno, de bello Saxonico c. 91.
[4]) Wipo c. 4.

Könige und dem Vater zu gleicher Zeit viele burgundische Fürsten den Eid der Treue und des Gehorsams, [1]) von neuem als ihm das Reich vom Vater factisch übergeben ist [2]). Nach seinem Regierungsantritte als wirklicher deutscher König wiszen wir, dass der Bischof Gerhard von Cambray und der Herzog Gozelo von Lothringen zur Huldigung zu ihm kamen und damit wol die lothringischen Fürsten insgesammt [3]). Im Januar 1040 erschienen die Italiener in Augsburg, im April desselben Jahres Heribert von Mailand in Ingelheim noch besonders vor ihm, jene zu huldigen [4]), dieser, da Konrad II. gestorben war, ohne die mailändischen Verhältnisse zum Austrage gebracht zu haben, zu huldigen und Gnade vor dem jungen Könige zu suchen [5]).

In alten Zeiten war es Sitte gewesen, dasz dem Volke sich als Herrscher zu zeigen nach dem Regierungsantritte der neue König das Reich durchzog [6]). Dieser Königsritt war unter den Karolingern und in der späteren Zeit abgekommen, und auch unter den Saliern ist diese Sitte nicht wieder aufgenommen worden. Nach seiner Krönung durchzog Konrad II. allerdings die deutschen Lande, aber es geschah mehr, die Huldigungen der Groszen entgegenzunehmen, welche bei seiner Wahl und Krönung nicht zugegen gewesen waren [7]), und den einzelnen Stämmen ihre Rechte und Gewohnheiten dafür zu bestätigen. Jener Umritt, von dem Wipo uns erzählt, bedeutete eben soviel, als

---

1) Wipo c. 30.
2) Wipo c. 38: Filio suo regnum Burgundiae tradidit eique fidelitatem denuo iurari fecit.
3) Gesta epp. Camerac. III, 54: ad quem (Heinrich III.) pontifex noster Gerhardus iens manibus se illius commisit, pariter dux Gothilo, qui aliquantulum denegare disposuerat.
4) Annal. Altah. 1040.
5) Annalista Saxo 1040.
6) Waitz, deutsche Verfaszungsgeschichte II, S. 115; III, S. 244. Grimm, Rechtsalterthümer S. 257 und 254.
7) Ann. Hildesh. 1025: Mindo peregit — ibi etiam plurimos qui praedictae cius electioni non intererant, obvios habuit etc. Dasz dieser Umritt Konrad II. auch von den Zeitgenoszen als nichts Auszergewöhnliches angesehen ward, geht hervor aus Wolfher, vita Godehardi prior c. 26: Hic (Konrad II.) more regali provincias regionesque circuiens — Mindo peregit.

dasz jetzt der frühere Reichsfürst seine Thätigkeit als deutscher König begonnen habe — denn diese bestand eben in fortwährender Wanderung von einer Pfalz zur andern, von einer Provinz und einem Stamme zum andern. Vollkommen unnütz wäre ein solcher officieller Umzug [1]) beim Regierungsantritt Heinrich III. gewesen, da er lange vorher schon durch Wahl und Krönung als deutscher König anerkannt, und gleich nach jenem Acte vielfach zu Reichsgeschäften hinzugezogen war. Gleich hinterher hatte er mit seinem Erzieher Bruno von Augsburg vom Vater ihm angewiesene Provinzen durchwandert, Frieden und Recht zu schirmen [2]). 1027 hatte ihn Konrad II. von den bairischen Fürsten zum Herzoge wählen laszen [3]). Als solcher hatte er die Beziehungen des Reiches zu Ungarn zu wahren gehabt, als solcher und gekrönter König schlosz er ohne Wiszen und vielleicht auch wider Willen des Vaters 1030 einen selbstständigen Friedens- und Bundesvertrag mit dem ungarischen Könige Stefan dem Heiligen [4]), den er dann später einmal im eigenen Lande zu besuchen ging [5]). Ebenso vertrat er das Reich in einem Kriege gegen die Slaven [6]). Durch seine Heirath mit der dänischen Princessin Gunhilde trat er in Beziehungen zu den nordischen Reichen und deren Verhältnissen [7]). Auch nach Rom hat er den Vater auf dem zweiten italienischen Zuge begleitet [8]). 1038 ward ihm vom Vater zum Herzogthum Baiern das Herzogthum Schwaben und das Königreich Burgund übergeben. So sind schon vor seiner Thronbesteigung ihm alle Be-

---

1) Einen solchen scheint eben Giesebrecht, d. K. II, S. 344 und 350, anzunehmen.

2) Wipo c. 23: Deinde diversa regna peragrantes, Caesar per se, rex sub tutore et actore Augustensi episcopo Brunone cunctos rebelles domabant.

3) Wolfher, vita Godehardi posterior c. 22: Imbripoli, defuncto in bona senectute Henrico duce Bavariae, filio Henrico eundem ducatum delectu principum commendavit.

4) Wipo c. 26. Annal. Quedlinb. 1031.

5) Annal. Altah. 1033.

6) Wipo c. 16.

7) Im Juli 1036. Annal. Quedlinb. zu d. Jahre u. Wipo c. 35.

8) Wipo a. a. O.

ziehungen des Königthums und Kaiserthums nahe getreten. Auch an Zerwürfnissen mit dem Vater scheint es nicht gefehlt zu haben. Auf ihn sahen die misvergnügten von den Fürsten, die mit dem scharfen Regimente Konrad II. unzufriedenen. In Italien murmelte man, er habe das Verfahren seines Vaters gegen die drei italienischen Erzbischöfe getadelt, die rücksichtslos ohne Fürstengericht in das Gefängnis geworfen waren [1]). Andere Fürsten, die Konrad gegenüber auf schwachen Füssen standen, suchten Anhalt und Stütze bei Heinrich III. Adalbert von Kärnthen war Konrad seit lange misliebig, aus welchen Gründen ist unbekannt. Bairische Fürsten, an deren Spitze Engilbert von Freising stand, wusten es; sie hatten den jungen Heinrich bewogen, dem kärnthnischen Herzoge eidlich zu versprechen, in eine mögliche Absetzung durch den Vater nicht zu willigen. Diese kam nun und sollte durch ein Fürstengericht ausgesprochen, der Herzog seines Lehens verlustig erklärt werden. Das Gericht berief sich auf den jungen König, ohne ihn könne man nicht verfahren. Hinzugezogen entschied er sich gegen den Vater und beharrte auf seinem Sinne, bis dieser im Interesse seines Hauses und seiner Politik zu den Füszen des Sohnes niederfiel, und ihn flehentlich beschwor, nicht durch Uneinigkeit mit dem Vater den Feinden ein frohes Schauspiel zu gönnen, sondern Hand in Hand mit demselben zu gehen[2]). Später wollte man sogar wiszen, dasz einstmals Konrad daran gedacht habe, seinen Sohn der Nachfolge zu berauben [3]).

Eine solche bedeutende Stellung neben dem Vater in der Reichsregierung erklärt es auch, wenn wir finden, dasz er Actenstücke und Schenkungsurkunden mit Konrad II. zusammen ausstellt und neben ihm unterzeichnet; freilich steht dann der junge König auf dem Siegel ohne irgend welche Insignien abgebildet [4]).

---

[1]) Wipo c. 55.
[2]) Vgl. den Brief eines Hofklerikers an den Bischof Azeko von Worms, abgedruckt bei Giesebrecht, d. K. II, S. 677.
[3]) Jocundus, translatio St. Servatii c. 51 und 52.
[4]) Urk. vom 19. Juli 1033 (M. B. 29, 1, S. 31), in der Konrad zwar allein als Aussteller genannt ist, aber beide unterzeichnet haben. Vgl. das Siegel bei Meichelbeck, hist. Frising I, S. 222, auf dem beide abgebildet sind, und die Urk. vom 21. April 1034 (M. B. 29, 1, 42): In

So gieng der Thronwechsel, als Konrad unbeweint, wie ein frommer Zeitgenosze klagt, am 4. Juni 1039 gestorben war, ohne Erschütterung vorüber. In Konrad II. Stelle trat Heinrich III.

Der deutsche König war nun nicht allein Beherrscher des eigentlichen Deutschlands. Mit dem deutschen Reiche unter seinen Königen standen von jeher andere Länder in teils unmittelbarer, teils mittelbarer Verbindung, in dieser Böhmen, Polen, Pommern, überhaupt die östlichen slavischen Länder, in jener Burgund und Italien. Sie alle überwog an Macht und Ausdehnung der eigentliche Staat der Deutschen. Aber vorzugsweise im deutschen Könige und seiner Persönlichkeit ruhte jetzt noch mehr oder weniger der Mittelpunkt und die Schwere der deutschen Macht und damit der abhängigen Staaten. Durch starke einheitliche Concentration der ersteren im deutschen Könige war die Abhängigkeit der letzteren bedingt.

II.

Der Herzog von Böhmen war Lehnsmann und Vasall des deutschen Königs. Er war dem deutschen Reiche zu einem Tribute, der seit König Pippins Zeiten in 150 Kühen und 500 Mark Silber bestand[1]), ebenso zu Heer- und Kriegsdiensten verpflichtet. Konrad II. hatte auf seinen Zügen gegen die Polen und Ungarn der Herzog Udalrich und dann der junge thatkräftige Bretislav treue Hülfe geleistet. Der letztere war es, der nach Konrad II. Tode bei dem Regierungsantritte des jungen Heinrich III. seinen Pflichten gegen das deutsche Reich sich entziehen und auf Kosten desselben ein ganz selbstständiges Slavenreich gründen zu dürfen glaubte. Das Polenreich Boleslaus Chrobry's unter Heinrich II. schwacher Regierung so gefährlich angewachsen, war von Konrad II. vernichtet, sein

---

nomine sanctae et individuae trinitatis Conradus Romanorum Imperator Augustus et Henricus tertius filius eius rex. Vgl. das Siegel bei Heyberger Nro. 23. Auch das Monogramm ist von den in den Actenstücken seiner wirklichen Regierung verschieden.

1) Cosmas. Prag II, c. 8.

Nachfolger Miseko besiegt; innere Unruhen und Aufstände waren darnach im Reiche desselben entstanden, in Folge wovon der Sohn und die Gattin des Miseko, die deutsche Richenza, die Tochter des Pfalzgrafen Ezzo vom Rhein, nach Deutschland geflüchtet waren. Um eine neue Organisation des Reiches hatte sich Konrad II. nicht bekümmert. Zerfiel es in Ohnmacht und Ruin durch innere Verwirrung und Kämpfe, so konnte jedenfalls dem deutschen Reiche Gefahr daraus nicht entstehen. Die Grenzen waren so am besten gesichert. Jetzt glaubte der böhmische Herzog Bretislav, ein kühner, thatkräftiger und gereifter Mann, den Tod Konrad II. benutzen und des polnischen Reiches sich bemächtigen zu dürfen. Er brach mit einem mächtigen Heere in Polen ein — alle böhmischen Männer hatten ihm Heerfolge leisten müszen — eroberte Krakau und Gnesen, und es ist wahrscheinlich, dasz er nicht nur die Herrschaft über Polen und damit die Gründung eines groszen slavischen Reiches an Deutschlands Grenzen, sondern auch volle Unabhängigkeit vom deutschen Reiche erstrebte, wie denn sein Bischof Severus von Prag an die Gründung eines von Mainz völlig unabhängigen Erzbisthums dachte [1]).

Auf zwei Zügen, von denen der erste, im Sommer und Herbste des Jahres 1040 unternommen, unglücklich und erfolglos ausgefallen war, hat Heinrich III. den Herzog Bretislav die Macht des deutschen Reiches fühlen laszen und zur Anerkennung der deutschen Oberlehnsherrlichkeit gezwungen. Als Heinrich III. am 8. September 1041 mit seinem Heere vor der Hauptstadt Böhmens sich lagerte, verliesz Severus der Bischof Prags aus Furcht vor dem Banne und der Excommunication seines Metropolitanen Bardo von Mainz, dessen Hoheit er sich zu entziehen gewagt hatte, seinen Herzog und gieng zum Könige über. Auch Bretislav unterwarf sich, versprach in die Hände der Markgrafen Ekkard von Meissen und Otto von Schweinfurt Ersatz alles Schadens, Auslieferung der polnischen Gefangenen und mit dem rückständigen Tribut eine Busze von 8000 Pfund Silber [2]). Im October desselben Jahres erschien er dann in Regensburg vor Heinrich III. persönlich, warf sich dem Könige im Büszerkleide zu Füszen, bat um Verzeihung

---
1) Cosmas Prag. II, c. 2 ff. Giesebrecht d. K. II, S. 347.
2) Annal. Altah. 1041. Cosm. Prag. II, c. 12.

und entsagte für immer dem königlichen Namen. Heinrich III. erliesz ihm die Hälfte der Busze, belehnte ihn mit dem Herzogthume Böhmen von neuem [1]). Bretislav hat nicht wiedergewagt sich gegen das Reich zu erheben. Er blieb die ganze Regierungszeit Heinrich III. hindurch ein treuer Vasall des Königs. Als er am 10. Januar 1055 starb, holte auch sein Sohn Spitigneus noch in demselben Jahre die Bestätigung seiner Nachfolge und die Belehnung seines Herzogthums von Heinrich III. ein [2]).

Heinrich III. hat das Königreich Ungarn, das unter dem frommen Stefan (von 997) eine [eigene politische Organisation gewonnen hatte, in dasselbe Verhältnis, wie Böhmen zum deutschen Reiche zu bringen versucht.

Am 15. August 1038 war Stefan der Heilige gestorben. Ihm war sein Schwesterssohn Peter gefolgt, der in Venedig geboren und erzogen [3]) — er entstammte von Vaters Seite dem Geschlechte der Orseoli, — als Fremdling von den Magyaren angesehen, sich die Liebe seiner grösztenteils noch heidnischen Unterthanen nicht zu erwerben vermochte, vorzüglich da er Fremde bevorzugte, die Gattin seines Oheims, die bairische Gisela übel behandelte. Anstatt sich dann durch den deutschen König in der Herrschaft zu befestigen, hatte er sich dem Böhmenherzoge Bretislav gegen Heinrich III. angeschloszen, jenem nicht nur ungarische Hülfstruppen geschickt, sondern war auch persönlich schon 1039 in die bairischen Marken eingefallen. Im Jahre 1041 brach eine Empörung gegen Peter aus, durch welche seine Vertrauten ermordet, er selbst zu fliehen und in den Schutz seines Schwagers des Markgrafen Adalbert von Oestreich sich zu begeben gezwungen war [4]). Dieser erwarb ihm die Verzeihung des Königs für die Unterstützung, die er dem Böhmenherzoge hatte angedeihen laszen, und das Versprechen seiner Hülfe.

---

[1]) Annal. Saxo 1042: Imbripoli pro fidelitate ac servitute facto iuramento datisque obsidibus reversus est in patriam. Annal. Altah. 1041. Herm. Aug. 1041: donec dux malis subactus pacem postularet, sui ditionem et cum tota gente subiectionem, Ratisbonamque venturum et imperata facturum fidelibus regis ad se vocatis promitteret.

[2]) Annal. Altah. 1055: Zbitigneum maiorem filium Bretislai Boemi in ducatu substituit.

[3]) Vita Stephani Ungarorum regis maior c. 18.

[4]) Annal. Altah. 1041. Herm. Aug. z. d. J.

Die Ungarn wählten einen einheimischen Groszen Ovo zum Könige, dessen Regierungsantritt eine Vernichtung aller Regierungsacte seines Vorgängers bezeichnete. Als dann, wie die Ungarn in den Tagen des sächsischen Heinrich I., Ovo Gesante an Heinrich III. schickte mit der übermüthigen Anfrage, ob er Krieg oder Frieden wolle, und bald darauf in die bairischen Marken einfiel, hielt Heinrich III. den Zeitpunkt für gekommen, das Nachbarreich, das den deutschen Landen so oft gefährlich gewesen, ein für allemal unschädlich zu machen und dem Complex der von dem deutschen Reiche von jeher abhängigen östlichen Slavenreiche anzureihen. Auf seinem ersten Zuge schon (Juli und August 1042) gab er seine Ziele zu erkennen. Sein Heer hatte Heimenburg und Presburg erobert, hatte Ovo dann in zwei Schlachten geschlagen und war bis zur Gran vorgedrungen. Aus den eroberten Landesteilen bildete Heinrich III. ein besonderes Herzogthum, dem er, da die Ungarn sich gegen die Herrschaft des von ihm begünstigten Peter sträubten, einen andern Neffen des heiligen Stefan, der bei der Empörung und dem Aufstande gegen Peter zum Böhmenherzoge geflohen war, auf Vorschlag eben dieses Bretislav, als Herzog vorsetzte, zu dessen Schutze er 2000 Böhmen und Baiern zurückliesz [1]). Das neue Herzogthum hatte freilich kurzen Bestand, Ovo vertrieb, kaum hatte Heinrich III. den Rücken gewant, den Herzog sammt den deutschen Hülfstruppen. Aber im Jahre 1043 ward jener durch einen Kriegszug gezwungen, die deutsche Oberlehnsherrlichkeit anzuerkennen. Er verspricht Schadenvergütung, Geisseln, Tribut und tritt dem deutschen Reiche die westlichen Teile seines Landes bis zur March und Leitha ab. Eine neue Markgrafschaft ward daraus gebildet, die Heinrich dem tapfern Liutpold, dem Sohne Adalberts von Oestreich, übertrug [2]).

Gleichwohl war schon im folgenden Jahre, da Ovo seine

---

[1]) Herm. Aug. 1042: Subactis partium illarum Ungariis cum Petrum recipere nollent, quendam alium ex illis apud Boemos exulantem ducem constituit. Vgl. Annal. Altah. 1042.

[2]) Herm. Aug. 1043. Genau definirt wird das neu gewonnene Gebiet in der Urkunde Heinrichs vom 25. Oct. 1051. M. B. 29, 1, S. 104. Ueber die Markgrafschaft Giesebrecht d. K. II, S. 655. Thausing, über das privilegium Henricianum und die Neumark Oestreich, in den Forschungen z. d. G. IV, 2, S. 355.

Verpflichtungen nicht erfüllte, ein neuer Kriegszug Heinrich III. nothwendig. Nur mit einem kleinen Heere drang er in Ungarn ein und schlug Ovo auf's Haupt (5. Juni 1044). Der grösste Teil des ungarischen Reiches fiel Heinrich III. in die Hände, und jetzt setzte er Peter, der sich noch immer in seinem Gefolge aufhielt und das Vertrauen auf eine günstige Wendung seiner Sache noch nicht aufgegeben hatte, zum Herrscher ein und verlieh den Ungarn bairisches Recht [1]). Die Maszregel verliert von ihrer scheinbaren Härte, wenn wir bedenken, dasz Stefan der Heilige schon manches vom bairischen Rechte in seine Gesetzgebung für das ungarische Reich aufgenommen hatte [2]). Im Anschlusze an Baiern sollte fortan der ungarische Staat sich entwickeln. Die ungarischen Verhältnisse noch fester zu ordnen begab Heinrich III. sich Pfingsten 1045, von Peter eingeladen, noch einmal nach Ungarn. Da in Stuhlweiszenburg war es, wo ihm Peter die Insignie des ungarischen Königthums, die goldene Lanze übergab. Heinrich III. belehnte Peter auf Lebenszeit mit dem Reiche und liesz sich von ihm und den ungarischen Fürsten den Eid der Treue schwören. Ungarn kam so in dasselbe Verhältnis zum deutschen Reiche wie Böhmen, der ungarische Herzog in dasselbe Verhältnis zum deutschen Könige wie jeder andere Herzog [3]).

---

1) Herm. Aug.: Ungaros petentes lege baiorica donavit.

2) Vgl. Büdinger, österreich. Geschichte 1, S. 406. Giesebrecht d. K. II, S. 391, bezieht die bavarica lex auf die bairischen Landfriedensbestimmungen. Diese, wie ich unten in einem Excurse nachweisen werde, gab es auch zu Heinrich III. Zeit noch nicht. Ich weisz nicht, wie es gekommen ist, dasz man so vielfach und auf so verschiedene Weise diesen Act erklärt hat: Strehlke, de Henrici imperatoris bellis ungaricis S. 38, sieht das freie Recht der Herzogswahl darin. Büdinger a. a. O. hat wohl das richtige: es waren eben die bavarica scita et consuetudines. Lex bedeutet in unserer Zeit das Gewohnheitsrecht und Herkommen jedes Stammes, und dies musz nicht unbedeutund gewesen sein. Vergl. Thwrocz mit seiner Verdrehung der Annal. Altah.: concessis Ungaris ungarica scita servari et consuetudinibus indicari.

3) Die Insignien des ungarischen Reiches waren es, die Heinrich III. dann nach Rom schickte. Vgl. die Annal., Leodienses 1043, (aus dem 12. Jahrh.): Henricus Obonem do bello fugavit et lanceam insigne regni suscepit. Von Peter sagen die Ann. Altah. 1045: regnum Ungariae cum lancea deaurata tradidit Henrico regi coromni populo. Vgl. Herm. Aug. z. J. 1045. Die Annal. Altah. und Leod. sowie Arnuf Mediolan III, 6.

Aber nicht ungestraft laszen sich einem Volke von so ausgeprägter Individualität, wie den Ungarn fremde Institutionen und Gesetze aufdrücken. Heinrichs Versuch mislang. Eben hatte er am Ende des Jahres 1046 den Römerzug angetreten, als die Ungarn sich abermals empörten, mit furchtbarer Gewalt gegen die bestehenden Ordnungen erhoben, die christlichen Priester verjagten, Altäre zerstörten. , Peter muste flüchten, er konnte die bairische Grenze nicht erreichen, da er die Zugänge des Landes versperrt fand, er ward gefangen, der Augen beraubt und starb lange nachher in der Verbannung [1]).

An seiner Stelle ward Andreas, wieder ein Verwanter des heiligen Stefan, auf den Thron erhoben, der nicht gewillt war, mit den Empörern zu gehen; aber er liesz sich von den am Leben gebliebenen und verschonten Bischöfen zum Könige krönen, stellte das Christenthum her und schickte Gesante nicht nur dem auf dem Römerzuge begriffenen Könige, sondern auch später, die seinen Zorn besänftigen, Anerkennung der deutschen Oberlehnsherrlichkeit und Entrichtung von Tribut versprechen sollten. Aber bis zu Heinrich III. Tode blieben die Grenzverhältnisse im argen. Nicht nur wurde die neugegründete Mark in ihrer Entwickelung gestört, manches Stück derselben wieder von Böhmen nnd Ungarn occupiert, Heinrich III. hat auch nicht vermocht, eine Anerkennung der deutschen Oberlehnsherrlichkeit bei den Ungarn durchzusetzen. Vorerst hat ihn der Römerzug, dann die inneren deutschen Unruhen, jenes dem Reiche so gefährliche Zerwürfnis mit dem Herzoge Gotfried von Lothringen und Balduin von Flandern gehindert,

---

haben doch wohl dieselbe Lanze vor Augen. Nur so läszt sich der Anspruch Gregor VII. auf Ungarn (vgl. auch Bonitho, liber ad anicum, ed. Jaffé S. 52) erklären. Eben das nach Rom als Triumphale geschickte Insigne des ungarischen Reiches machte so viel Aufsehen. Vgl. Gregorii VII. registrum II, 13: regnum Ungariae sanctae romanae ecclesiae proprium est, a rege Stephano olim Sct. Petro cum omni iure et potestate sua oblatum et devote traditum; praeterea Henricus piae memoriae imperator ad honorem Sti Petri regnum illud epugnans victo rege et facta victoria ad corpus beati Petri lanceam coronamque transmisit et pro gloria triumfi sui regni illuc regni direxit insignia. Vgl. Büdinger, Zeitschrift für österreichische Gymnasien 1859, S. 83 und die Anmerkung Wattenbach's zu Arnulf Mediolan. III, 6.

[1]) Herm. Aug. Annal. Altah. Annal. August. 1046.

in die ungarischen Verhältnisse einzugreifen. Von ihm beauftragten bairischen Fürsten gelang es, im September 1050 trotz aller Angriffe der Ungarn, die in dem früher von Heinrich III. erworbenen ungarischen Gebiete liegende Feste Heimenburg zu behaupten und zu befestigen, eine bairische Kolonie daselbst anzulegen [1]. Es war das der letzte glückliche Erfolg der deutschen Waffen über Ungarn. Die von Heinrich III. im Sommer und Herbst des Jahres 1051 und 1052 persönlich geleiteten Kriegszüge waren unglücklich. Andreas versprach zwar noch einmal in den Friedensverhandlungen, die er auf Rath Gebhards von Regensburg mit Heinrich III. angeknüpft hatte (Novbr. 1053) Abtretung von ungarischen Grenzbieten, Tribut, Schadenersatz und Heeresfolge zu allen Reichskriegen auszer zu den Römerzügen [2], aber am Verrathe des treulosen Konrad von Baiern, der sich damals, von Heinrich III. seines Herzogthums entsetzt, zu dem Ungarnkönige begeben, in seinen Verrath an Kaiser und Reich kärnthnische und bairische Grosze hineingezogen hatte, scheiterten dieselben. So ist es zu Heinrichs Lebzeiten zu keiner definitiven Regelung der ungarischen Verhältnisse gekommen. 1058, als Andreas, dem spät noch ein Sohn geboren ward, sich durch seinen Bruder Bela in der Herrschaft bedroht sah, suchte er zwar Anschlusz an Deutschland und bat für seinen Sohn um eine Tochter der Kaiserin Agnes. Im October kamen die Groszen beider Reiche an der Grenze zusammen und schwuren sich Frieden und Freundschaft. Die Forderung Heinrich III., Anerkennung der Oberlehnsherrlichkeit des deutschen Königs, hat Agnes nicht festgehalten, dagegen blieb der einst von König Ovo abgetretene Landesteil, die Gebiete der March und Leitha, definitiv beim Reiche und wurden dem Markgrafen Ernst als Pertinens der bairischen Ostmark übergeben [3].

Bis auf die Zeit Heinrich II. hatte Polen die deutsche Oberlehnsherrlichkeit anerkannt. Dann hatte mit jenem schwa-

---

[1] Annal. Altah. Herm. Aug. zu 1050.
[2] Herm. Aug. 1053.
[3] Annal. Altah. 1058. Dies wird der Sinn des Henricianum privilegium (abgedruckt im Archiv für österreichische Geschichtsquellen VIII, S. 109) sein, wie Thausing, Forschungen IV, 2. S. 376 darzuthun gesucht hat.

chen Kaiser Boleslav Chrobry lange Zeit für die Unabhängigkeit vom deutschen Reiche gekämpft, die ihm im Jahre 1017 auch zugestanden ist[1]). Er ward mit deutschen Gebietsteilen belehnt und so Vasall des Reiches und unabhängiger Fürst zu gleicher Zeit. Sein schwacher Sohn Miseko vermochte jene Unabhängigkeit nicht zu behaupten. Konrad II. zertrümmerte das mächtige Polenreich, gewann die deutschen von Boleslav Chrobry eroberten Gebiete, die Niederlausitz und die Provinz der Milzener dem deutschen Reiche zurück. Miseko bekannte sich als seinen Vasallen. Nach seinem Tode der im Jahre 1034 erfolgte, waren, wie schon erzählt, innere Unruhen und Aufstände im Reiche entstanden, in Folge Kazimir, sein Sohn und Richenza, seine Gattin nach Deutschland geflüchtet waren. Als dann der Plan des kühnen Böhmenherzoges Bretislav, sich des polnischen Reiches zu bemächtigen, gescheitert war, kehrte jener — um welche Zeit wiszen wir nicht, aber wol jedesfalls nach der Besiegung Bretislav's im Jahre 1041 — nach seinem väterlichen Erbe zurück[2]). Wie es heiszt, brach er von Deutschland, wo er mit seiner Mutter den Aufenthalt genommen hatte, mit 300 Reitern auf, eroberte eine Burg nach der andern im polnischen Lande, reinigte das Land von Pommern und Böhmen; gewis oder wahrscheinlich ist, dasz ihm mit Hülfe Heinrich III. die Gründung der neuen Herrschaft gelang[3]). Er lebte in Frieden und Freundschaft mit dem deutschen Reiche, und erkannte die Oberlehnsherrlichkeit desselben an. Zwar fehlte es nicht an Conflicten mit dem böhmischen Herzoge, die verschiedene male eine Einmischung Heinrich III. nothwendig machten; sie suchten dieselben aber eben vor dem deutschen Könige zum Austrage zu bringen. So erschienen im Mai 1045 nicht nur der Herzog von Polen und Böhmen, sondern auch der Pommernfürst Zemitzlo vor ihm in Merseburg, von wo er sie auf einen sächsischen Landtag in Meissen mit sich nahm[4]). Wir wiszen, dasz sie damals den

---

[1]) Vgl. Roepell, Geschichte Polens, S. 136.
[2]) Annal. Saxo 1059. Vergl. dazu Giesebrecht d. K. II, S. 634. Anm. zu S. 355.
[3]) Chronica Polonorum c. 19. Vgl. Roepell Gesch. Polens I, S. 187.
[4]) Annal. Altah. 1045. Vgl. Giesebrecht d. K. S. 400.

deutschen König mit kostbaren Geschenken beehrten, wie denn der Tribut bei den slavischen Fürsten überhaupt die Form von Ehrengeschenken hatte [1]). Später gab die ursprünglich polnische, aber jetzt im Besitze des Böhmenherzogs befindliche Provinz Schlesien Anlasz zu Streitigkeiten zwischen Polen und Böhmen, deretwegen wahrscheinlich Heinrich III. im Jahre 1050 mit Krieg bedrohen zu müszen glaubte [2]). Gleichwol leistete Kazimir der Polenherzog Heinrich III. in seinen letzten Kriegen gegen die Ungarn Heeresdienste [3]). Pfingsten 1054 erschienen Kazimir von Polen und Bretislav von Böhmen noch einmal vor dem Kaiser in Quedlinburg, wo auf seinen Wunsch der letztere Schlesien und mehrere Burgen an Polen herausgab [4]).

So blieb dem deutschen Könige eine Einmischung in die Streitigkeiten und die Verhältnisse seiner östlichen Nachbarreiche stets gewahrt [5]). Auch der Groszfürst von Ruszland schickte im Jahre 1040, als Heinrich III. in Altstedt verweilte, und wiederum Weihnachten 1042 nach Goslar Gesante und Ehrengeschenke an den deutschen König. Damals trug sich der Groszfürst mit der Hoffnung eine seiner Töchter Heinrich III. zu vermählen [6]).

Eigenthümlich war das Verhältnis des Reiches zu den Elbeslaven. Sie standen unter der Aufsicht der sächsischen Markgrafen. Eigene Fürsten regierten nicht über sie. Sie lebten im Heidenthume hin, ihre Tempelbezirke machten ihre politische Or-

---

[1]) Vgl. Herm. Aug. 1043, wo Ovo von Ungarn dem Könige pactum, satisfactionem, obsides et munera verspricht.

[2]) Herm. Aug. 1050.

[3]) Herm. Aug. 1051. Bolani milites im Heere des Kaisers. Vergl. Conring de finibus imperi Germanici S. 237 ff.

[4]) Annal. Altah. 1054. Cosmas Prag. Lib. II zu d. Jahre: ea conditione, ut tam sibi quam suis successoribus 500 marcas argenti et 60 auri solverent.

[5]) Am treuesten dienten dann freilich von jeher die Böhmenherzoge. Bretislav finden wir nicht nur in allen Ungarnkriegen an der Seite des Königs, sondern vielfach auch in Deutschland am Hofe desselben. So Weihnachten in Goslar. Vgl. Lamb. Hersf. 1043. Ostern 1048 zu Regensburg. Vgl. Herm. Aug. zu d. Jahre 1045 am 1. Juni zu Meissen und dann wieder 1054 zu Quedlinburg.

[6]) Annalist. Saxo 1040. Lamb. Hersf. 1043: ibi inter diversarum provinciarum legatos legati Ruzorum tristes redierunt, quia de filia regis sui, quam regi Henrico nupturam speraverant, certum repudium reportabant.

ganisation aus. Daneben standen sie unter Landgemeinden und deren Vorstehern [1]). Blieb die Wahrung der Grenzen auch hauptsächlich den Markgrafen überlaszen, so griff doch auch hier der deutsche König oft unmittelbar ein. Gleich nach seiner Krönung war Konrad II. in jene Gegenden geeilt, hatte den Tribut, den sie zu zahlen hatten, eingezogen [2]), für die letzte Zeit seines Lebens besitzen wir eine anschauliche Schilderung jener Grenzverhältnisse. Wiederholt brachen Reibereien zwischen Sachsen und Slaven an der Grenze aus. Solche hatten auch im Jahre 1034 stattgefunden. Da erschien der Kaiser in den sächsischen Marken und forschte, auf wessen Seite die Schuld derselben sei, nachdem er — doch wahrscheinlich die Vorsteher der Slaven — zu sich geladen hatte [3]). Die Slaven wollten durch einen Zweikampf ihre Unschuld darthun; es kam unglücklicherweise dazu. Der Sachse fiel. Wenn nicht der Kaiser zugegen gewesen wäre, würden jene sofort über die Christen hergefallen und in das sächsische Gebiet eingefallen sein. Zum Grenzschutz baute Konrad damals die Feste Werben an der Elbe. Sie ward von den Slaven genommen und zerstört. Da folgte ein Vernichtungskampf des Kaisers gegen sie im Sommer 1035. Schonungslos nach den Traditionen der Ottonen ward alles mit Feuer und Schwert vernichtet. Ein Gedicht, wahrscheinlich vom Burgunder Wipo, besang diese Thaten des Kaisers, welche freilich ganz der Auffaszung der damaligen Zeit entsprachen. Vor einem Crucifixe, das die Heiden verspottet, hatte er eine Anzahl Slaven hinmetzeln laszen. Der Tribut ward erhöht [4]). Sie zahlten ihn auch Heinrich III. der

---

[1]) Barthold, Pommerische Geschichte I, S. 534.

[2]) Wipo c. 6.

[3]) Wipo c. 33: Quum Caesar veniret, coepit qnaerere, ex qua parte pax, quae diu inviolata fuerat, prius corrumperetur. Dicebant pagani, a Saxonibus pacem primitus confundi idque per duellum, si Caesar praeciperet, probare. Econtra Saxones ad refellondos paganos similiter singulare certamen, quamvis iniuste contenderent, imperatori spondebant. Was der jenen Verhältnissen fernstehende Wilhelmus Malmesbur. II, 189 M. G. SS. X, 466) von Heinrich III. erzählt: omnibus solemnitatibus quibus coronabatur quatuor reges eorum lebetem quo carnes condiebantur in humeris suis duobus vectibus per annulos quatuor inductis ad coquinam vectitarent — passt wohl kaum.

[4]) Wipo c. 33: Sic humiliavit eos, ut censum ab antiquis im-

dann auch wol einmal an den sächsischen Grenzen hat erscheinen, die Ordnung herstellen und die Slaven die Wucht kaiserlicher Auctorität fühlen laszen müszen [1]). Am Ende seines Lebens im Jahre 1056 beunruhigten sie die sächsischen Grenzen von neuem. Heinrich III. schickte damals ein sächsisches Heer unter Leitung des Grafen Wilhelm von der Nordmark und Dietrich von Katlenburg gegen sie; es ward besiegt; die Führer selbst fielen (bei Prizlawa am 10. September 1056) [2]). Wir wiszen, wie dies Misgeschick die lezten Tage des Kaisers verbittert, wie es mit den Grund zu seinem frühen Tode gelegt hat [3]).

Die Aufsicht über die Slavenstämme [4]), welche die Gegenden des heutigen östlichen Holsteins und Meklenburgs bewohnten, sowie auch ein Teil des Tributes, den sie dem Reiche zu zahlen hatten, ist von unsern Königen den sächsischen Herzögen überlaszen worden [5]). Jene Stämme, die Wagrier und Abodriten sind in der Entwickelung ihrer politischen Geschichte grundverschieden von den Elbeslaven gewesen. Wie bei den Ungarn drehte sich hier die Geschichte bis jetzt immer noch um ewige Reactionen bald des Christenthumes gegen das Heidenthum, bald des letzteren gegen das erstere. Die Herrschaft des einen oder des anderen wechselte mit den Fürsten — denn unter solchen lebten sie —, die zur Regierung kamen. Jetzt hatte von ungefähr 1045 an der Fürst Gotschalk eine Herrschaft begründet; er stand in enger Verbindung mit dem Herzoge von Sachsen und dem Erzbischofe von Bremen, eifrigst bemüht um die Ausbreitung des Christenthums in seinen Landen. Mit dem erstern unternahm er Züge gegen die heidnischen Slaven, die noch östlicher saszen, zur Erweiterung seiner Herrschaft. Reicher Tribut flosz auf diese Weise dem Herzoge

---

peratoribus propositum et iam auctum imperatori praesentarent. Vgl. Annal Hildesh. 1035.

1) Herm. Aug. 1045: Slavi, qui Liutici dicuntur, Saxoniae terminos inquietantes regi illo cum copiis militum venienti se tradunt et solitum censum promittunt.

2) Chronic. Wircib. Lamb. Hersf. Berthold. annal. et Saxo, Necrolog. Luniburg, zum Jahre 1056.

3) Giesebrecht d. K. II, S. 528.

4) Ueber die Namen dieser Stämme vgl. Steindorff, de ducatu Billungorum S. 47 ff.

5) Vgl. Steindorff. a. a. O. S. 55.

Bernhard von Sachsen zu — so gewann er einmal die Summe von 15,000 Pfund Silber ¹) — den er durch Erpressungen noch zu vergröszern wuste. Nach Heinrich III. Tode folgte in jenen Gegenden wieder eine Vernichtung des Christenthumes ²). Bekannt ist, wie erst spät unter Lothar von Sachsen und Heinrich dem Löwen der feste Anschlusz jener sowohl wie der Elbeslaven an das deutsche Reich und die Gewinnung dieser Länder für die deutsche Cultur nicht durch den Kaiser, sondern durch Territorial-Gewalten, zu denen erst in unserer Zeit der Grund gelegt, vollbracht ward.

III.

Gestützt auf seine Verwantschaft mit Rudolf, dem letzten Könige von Burgund hatte Heinrich II. den Erwerb dieses Königreiches für Deutschland vorbereitet. Konrad II. hat dasselbe als Nachfolger Heinrichs II. im deutschen Reiche diesem factisch einverleibt. So blieb, um mit heutigen Ausdrücken zu reden, Burgund in der Folge durch Realunion mit Deutschland vereinigt. Der jedesmalige deutsche König war von jetzt zugleich König von Burgund ³). Konrad II. war am 2. Februar 1032 zum Könige von Burgund gekrönt worden (im Marienkloster zu Peterlingen), nachdem vorher eine Wahl durch die burgundischen Groszen stattgefunden hatte ⁴). Im September 1038 hat er das Reich zu Solothurn seinem Sohne übergeben nach Zustimmung und auf die Bitte der burgundischen Groszen. Schon vorher aber hatte er viele derselben seinem Sohne dem designierten deutschen Könige den Eid der Treue schwören laszen ⁵). Eine feierliche Krönung, wie sie bei Konrad II. statt-

---

¹) Adam Brem, III, c. 20. Vgl. L. Giesebrecht, Wendische Geschichten II, S. 99.

²) Helmold, chronicon Slavorum I, S. 25.

³) Ueber den Erwerb Burgunds für das deutsche Reich, vgl. Massov's Comment. I, S. 288. Giesebrecht d. K. 272 ff. und Anm. dazu.

⁴) Annal. Sangall. maior. 1034. Wipo c. 30: et veniens ad Paterniacum monasterium in purificatione Sctae Mariae a maioribus et minoribus ad regendam Burgundiam electus est et ipsa die pro rege coronatus est.

⁵) Wipo c. 30: (Zurich) — ibi plures Burgundionum, qui propter insidias Odonis in Burgundia ad imperatorem venire nequiverant, per

fand, scheint damals bei dem Acte der Uebergabe für überflüszig erachtet zu sein, wenn auch Feierlichkeiten mit demselben verbunden waren ¹). Burgund sollte eben ein integrierender Teil des deutschen Reiches sein.

Seit langer Zeit hatte in Burgund die königliche Gewalt mächtigen Vasallen und Fürsten gegenüber ohnmächtig darnieder gelegen. Konrad II. hat mit der ihm eigenen Kraft und Energie wieder einen dauerhaften gesetzmäszigen Zustand begründet ²). Auch Heinrich III. haben die burgundischen Verhältnisse vielfach beschäftigt, mit den Groszen Burgunds hielt er vielfach Landtage ab, meistens entbot er sie nach Straszburg oder Solothurn ³).

Seine Macht in Burgund zu mehren und zu festigen, durch eine Heirath nicht nur mit den Groszen jenes Landes sondern auch des benachbarten Frankreichs neue Verbindungen anzuknüpfen, hatte Heinrich III. schon im Anfang der vierziger Jahre seine Augen auf die Familie der Herzöge von Aquitanien gerichtet. So war es gekommen, dasz er 1042 die Gesanten des ruszischen Groszfürsten, die zu ihm gekommen waren, um ihm eine Heirath mit einer ruszischen Prinzessin vorzuschlagen, abgewiesen hatte. Es war dann die Heirath mit der Agnes von Poitiers, der Tochter Wilhelms von Aquitanien, dem einst die italienische Krone angeboten war, deren Groszvater der burgundische Graf Otto Wilhelm, der Heinrich II. einst Burgund bestritten hatte,

---

Italiam pergentes occurrebant sibi, et effecti sui, fide promissa per sacramentum sibi et filio suo Henrico, mirifice donati redierunt.

1) Von einer solchen sagen weder die Annal. Sangall. 1038, noch Wipo c. 38 etwas.

2) Wipo c. 38: Autumno (1038) Burgurdiam adiit et convocatis cunctis principibus regni generale colloquium habuit cum eis et diu desuetam et pene delotam legem tunc primum Burgundiam praelibare fecit.

3) So 1) Ostern 1040 zu Ingelheim. Annalist. Saxo. 1040: ubi ad eum primates Burgundiae humiliter cum muneribus venerunt, qui mox gratia illius laeti et muneribus redierunt. 2) Anfang 1042 zu Solothurn und Straszburg. Herm. Aug. 1042: Multos principum illuc so subiicientes suscepit nonnullaque iusto diudicavit. Vgl. Annal. Altah. 1042. Hist. monum. patriae chartar. I, S. 543. 3) Am 22. Mai 1048. Herm. Aug. 1048: Soloduri habito cum Burgundionibus colloquio. 4) Am 1. Mai 1052. Herm. Aug.: colloquium Soloduri; quidam ex Burgundionibus offensi discedunt, sed non multo post aliqui ex eis ad gratiam eius redeunt. Vgl. zu den Conventen Pfeffinger Vitr. illustr. I, S. 103, der aber vieles verworren durch einander geworfen hat.

das Resultat weitreichender politischer Berechnung. Ihre Familie war mächtig in Frankreich, ihre Besitzungen in Burgund grosz, ihre Familienbeziehungen in beiden Reichen ausgedehnt, und wir wiszen, was Höflinge und Fürsten dem Könige zuflüsterten, man murmelte von einem Erwerbe des französischen Reiches [1]) Dasz der König von Frankreich diese Verbindung des deutschen Königs mit seinen mächtigsten Vasallen scheel ansah, liegt in der Natur der Sache, und gewis ist darin der Grund jener Zusammenkunft zu suchen, welche beide Herrscher im April des Jahres 1043 zu Jvois hatten [2]). Dennoch blieb das Verhältnis mit Frankreich gespannt, der König von Frankreich ergriff jede Gelegenheit, seinerseits sich in Verbindung mit deutschen Vasallen zu setzen, und in den Kämpfen und Conflicten, die bald darauf zwischen dem deutschen Könige und dem Herzoge Gotfried von Lothringen ausbrachen, hat der fränkische König Heinrich III. noch manche bittere Stunde bereitet.

Die von Heinrich III. herbeigeführte engere und innigere Verbindung mit Frankreich und Burgund ist in mehr als einer Beziehung für Deutschland bedeutungsvoll geworden. Wie in Burgund unter der Regierung des schwachen Rudolf, so lag auch in Frankreich die Königsgewalt so mächtigen Vasallen, wie die von Aquitanien, Anjou, Champagne und andere, seit langer Zeit gänzlich darnieder. Alle Zustände, Rechtspflege und Aufrechterhaltung des Landfriedens lagen im argen. Fehden erfüllten das Land. Da war schon lange vor unserer Zeit die Geistlichkeit aufgetreten, eine Milderung der Zustände herbeizuführen hatte sie zu Bannfluch und Excommunication gegriffen. Rohe Gemüter waren dadurch von Raub und Mord zurückgeschreckt, manche hatte Reue ergriffen, manche vom Banne sich zu lösen waren nach Rom gepilgert, und so hatten diese Mittel einen in mancher Beziehung wohltätigen Einflusz geübt [3]). Später war man in Folge von Hungersnoth besonders in Frankreich schon im Jahre 1011 zu sogenannten Friedenseinigungen gekommen. Durch Eidschwur gelobte man unverletzlichen Frieden, auf dem Wege Rechtens wolle man die

---

[1]) Giesebrecht d. K. II, Docum. X S. 682.
[2]) Annal. Altah. 1043.
[3]) Kluckhohn, Geschichte des Gottesfriedens S. 19.

Streitigkeiten schlichten. Man hatte diese Einigungen zu verbreiten gesucht, sie waren jedoch, wie der nüchterne Gerhard von Cambray vorausgesagt, ohne langdauernden Einflusz gewesen¹). Da folgte wieder eine Hungersnoth, so gräszlich, dass Menschen sich gegenseitig würgten; was uns gleichzeitige Schriftsteller von ihr, die drei Jahre anhielt, erzählen, giebt uns ein entsetzliches Bild jener Zeiten²). Als dann fruchtbare Jahre folgten, die Gemüter des Volkes voll Dank gegen den Schöpfer erfüllt waren, verstand es die Geistlichkeit, sie zu lenken und auf das hinzuweisen, was noth that. Sie predigte Frieden und das Volk ergriff diese Jdee, ein Brief sei vom Himmel gefallen, der die Erneuerung des ewigen Friedens verkündigte³). Keiner solle Waffen tragen, das ihm geraubte zurückfordern, alle begangenen Sünden durch regelmäsziges Fasten gesühnt werden. Alle sollten einem solchen Friedensgelübde beitreten; wer sich dessen weigere, solle aus der Gemeinschaft der Christen ausgestoszen werden. Solche Beschlüsze wurden auf mehreren Synoden in Aquitanien erlaszen, und wie die Geistlichkeit dort, vom Kloster Clugny angeregt, seit langer Zeit bereits auf eine größere Versittlichung, Reinigung und Veredlung des Clerus hingearbeitet hatte, wurden mit den Beschlüszen Verbote der Priesterehe und Simonie verbunden⁴). Solche Jdeen verbreiteten sich bald bis an die Grenzen Deutschlands, behagten jedoch dem nüchternen Sinne deutscher Geistlichen nicht. Frieden zu machen komme dem Könige zu. Solche Stimmen verhallten freilich ungehört, aber bald zeigte sich, wie recht sie waren⁵). Die Begeisterung des Volkes liesz nach: da kam man endlich zu dem Gottesfrieden, der treuga Dei. Die Tage von der Abendstunde des Mittwochs bis zur Morgenstunde des folgenden Dienstages sollten besonders geheiligt sein, der eine Tag wegen Christi Himmelfahrt, der andere wegen Christi Leiden,

---

1) Gesta epp. Camerac. III, c. 27.
2) Rodulfus Glaber IV, c. 4 u. 5. Hugo von Flavigny II c. 27.
3) Gesta epp. Camerac. III, c. 52.
4) Concilium Lemovicense bei Mansi, acta concil. XIX, S. 507. Concil. Pictaviense bei Mansi XIX, S. 495 u. 554. Kluckhohn a. a. O. S. 28 setzt diese Friedenseinigungen in das Jahr 1034. Giesebrecht d. K. II, S. 371 ins Jahr 1031.
5) Gestaepp. Camerac. a. a. O.

der Sonntag wegen der Auferstehung Christi. An ihnen soll strenger Frieden herrschen. Wer ihn bricht, soll excommuniciert werden. Nicht nur weltliches Gericht soll richten über die Verletzer dieses Friedens, sondern die doppelte Kirchenbusze soll über ihn verhängt werden [1]). Dies Institut gewann bald öffentliche Geltung; unablässig bemüht waren die Clugniacenser für die Einführung desselben, besonders der Abt Odillo von Clugny. 1041 erliesz er mit den Bischöfen von Nizza und Avignon ein Schreiben an die Geistlichkeit Italiens, worin sie zum Beitritte zu diesem Gottesfrieden aufforderten, diese oder andere Tage als geheiligte zu verkündigen und durch kirchliche Auctorität zu sanctionieren, an denen sie Friedensbruch ähnlich wie in Burgund mit denselben geistlichen Strafen, Bann und Excommunication bedrohen sollten [2]).

Die weltlichen Groszen Burgunds und Frankreichs waren roh und entsittlicht. Bei ihren Fehden und dem ruchlosen Treiben wurden sie einzig und allein durch jene abergläubische Furcht und Bangigkeit gezügelt, die allein die Kirche in ihnen wach zu halten im Stande war. Genugsam sind die Fälle bekannt, wo sie nach einem Leben voll Plünderung und Mord reumütige Busze thaten, reumütige Pilgerreisen nach Rom und Jerusalem unternahmen. Kenntnis des Rechtes und des Gesetzes, des Volksrechtes war verschwunden. Das wuste der Burgunder Wipo, als er Heinrich III. riet, ein Gesetz durch alle seine Lande ergehen zu laszen, wodurch er den Groszen befehlen solle, Recht zu lernen und ihre Söhne lernen zu laszen [3]).

---

[1]) Rodulf. Glaber V, 1.
[2]) Mansi XIX, S. 593. Kluckhohn S. 38.
[3]) Auf Burgund bezieht sich wol besonders Wipo's Rath im Tetralogus V, 190 ff:
Tunc fac edictum per terram Teutonicorum,
Quilibet ut dives sibi natos instruat omnes.
Litteralis, Legemque suam persuadeat illis,
Ut, cum principibus placitandi venerit usus,
Quisque suis libris exemplum proferat illis.
Moribus his dudum vivebat Roma decenter,
His studiis tantos potuit vincire tyrannos.
Hoc servant Itali post prima crepundia cuncti.
Et sudare scholis mandatur tota iuventus.
Solis Teutonicis vacuum vel turpe videtur,

Bei ihnen, deren Amt ursprünglich war Recht zu sprechen, fand das Volk dasselbe nicht mehr. Nur so können wir es uns erklären, wenn eine solche merkwürdige Erscheinung, wie die treuga Dei, so leicht Eingang in jenen Ländern finden konnte. In ihr lag eine Unterstützung der königlichen Gewalt. Diese, obwohl derselben durch die treuga vorgegriffen ward, konnte sie sich deshalb gefallen laszen. Schwerlich werden freilich Konrad II. und Heinrich III., als sie im Jahre 1038 eine neue Ordnung der burgundischen Verhältnisse begründeten, als sie das seit lange „ungewohnte und harte" Gesetz und Recht über den burgundischen Groszen walten lieszen, ihre Maszregeln nach den schon damals bestehenden Friedenseinigungen genommen haben [1]), ebenso wenig wie Heinrich III. nach der treuga Dei, wenn er, wie es oft geschah, in Burgund Gerichts- und Landtage abhielt. Aber Burgund stand der königlichen Gewalt ferner, er konnte dort nicht immer anwesend sein. Das Volk, dem es in Deutschland schon schwer hielt, unmittelbar an den König zu appellieren, weil er unter den Groszen genug zu schlichten und zu ordnen fand, bekam in der treuga eine Milderung der grausamen und harten Zustände. So liesz Heinrich III. sie für jenes Land gelten. Wir finden nirgends, dasz er ihr entgegen getreten wäre [2]). Aber sie hat auf

---

Ut doceant aliquem, nisi clericus accipiatur.
Sed, rex docte, iube cunctos per regna doceri,
Ut tecum regnet sapientia partibus istis.
1) Wipo c. 38.
2) Nirgends finde ich einen Anhalt dafür, dasz Heinrich III. einen Anteil an der Einführung der treuga in Burgund gehabt hatte. Die Stelle welche Giesebrecht, d. K. II, S. 638, Anm. zu S. 380, anzieht, ist doch jedesfalls anders zu erklären. Der Tetralogus scheint mir ein Beglückwünschungsschreiben an Heinrich III. zu seiner Thronbesteigung zu sein. Es kann deshalb auch nicht Weihnachten 1041 zu Straszburg überreicht sein, weil damals der König bereits auf dem Wege nach Burgund war, in Straszburg selbst bereits einen burgundischen Land- und Gerichtstag abhielt und Wipo's Aufforderung, schleunigst nach Burgund zu kommen, unnütz gewesen wäre. Ein gesetzmäsziger Zustand in Burgund war durch Konrad II. und Heinrich III. auf dem burgundischen Landtage zu Solothurn 1038 begründet. Deshalb konnte auch Wipo den letztern den auctor pacis für Burgund nennen. Der Schmeichler nimmt es dann auch so genau nicht, wenn er sagt: Heinrich III. habe Burgund erobert und bewältigt. Wie die deutschen Könige Streitigkeiten und Fehden auf Fürstentagen beilegten, vgl. u. Abschnitt IX. Wipo aber schwärmte sicherlich

Deutschland dennoch einen Rückschlag geübt. In der religiösen Begeisterung seiner Zeit war Heinrich III. aufgewachsen; diese fand seit langer Zeit ihren Mittelpunkt im Kloster Clugny in Burgund, von wo aus allmälig eine Reform des ganzen Klosterwesens erfolgt war. Die Zeit war auch in Deutschland zusehends roher geworden. Schon lange vor Heinrich III. hatte man die Abnahme in der Rechtskenntnis bei dem jüngeren Geschlechte beklagt [1]). Nur der rastlosen Tätigkeit und Energie unserer Könige hatte man es zu danken, wenn ein gesetzmäsziger Zustand in Deutschland immer noch bestand. Schon Heinrich II. hatte bei Aufrechterhaltung des Friedens seinem Character und den Anschauungen seiner Zeit gemäsz sich mit Vorliebe religiöser Momente bedient, mit Vorliebe auf die Kirche gestützt. Eine solche mönchische Frömmigkeit hatte Konrad II. widerstrebt; mit gewaltiger Hand aber handhabte er überall den Frieden; wie er ihn aufrecht erhielt, fehlte ihm die kirchliche Weihe. Jetzt trat Heinrich III. wieder in enge Verbindung mit Clugny, das Kloster war aquitanische Stiftung, Agnes seine Braut eine Tochter dieser Familie — die Kirche in ihrer strengeren Richtung besonders in Clugny und Burgund vertreten.

Es war in Ulm — Heinrich III. war gerade auf seiner Hochzeitsreise, an der burgundischen Grenze die Braut in Empfang zu nehmen — eine allgemeine Reichsversammlung abgehalten worden. Von da ging er nach Constanz, wohin eine Synode der deutschen Bischöfe berufen war. Drei Tage dauerten die Verhandlungen derselben. Eifrig nahm er an ihnen Teil. Am vierten Tage betrat er selbst, vom Bischof der Stadt geleitet, die Rednerbühne. Beredsam schilderte er dem versammelten Volke den Frieden und seine Segnungen und schlosz seine Rede damit, dasz er seinen Beleidigern verzieh. Mit Bitten,

---

nicht für den Gottesfrieden; vielmehr erinnert sein unmittelbar vorher gegebener Rath die Söhne der Groszen des Reiches zum Studium des Rechtes anzuhalten, ganz an den nüchternen Gerhard von Cambray. Von einer pax Dei oder treuga Dei ist im ganzen tetralogus nichts enthalten; auch die von Giesebrecht vorgeschlagenen Aenderungen jener Stelle möchten demnach wol unnötig sein. Ueber die Stelle selbst noch einmal vgl. meinen Excurs über die angeblichen Landfriedensbestimmungen.

[1]) Chronicon Ebersbergense bei Oefele scr. rer. Boic. II, S. 9.

denen er sein königliches Machtwort zufügte, bewog er die anwesenden Groszen dasselbe zu thun [1]). Durch das ganze Reich liesz er dann den Vorgang verkünden, wiederholte denselben in Trier [2]). Boten durcheilten Italien, die Kunde der Groszmut des Königs zu verbreiten und die dort herrschenden Fehden zu beenden [3]). Es scheint der Act dieser Milde des Oberhauptes der Christenheit bedeutendes Aufsehn erregt zu haben, es entstand ein seit langer Zeit unerhörter Frieden [4]). Von derselben Milde legte Heinrich III. auch sonst noch vielfach Zeugnis ab, so nach jenem Siege über die Ungarn im Jahre 1045, wo er ebenfalls seine Ritter zum Frieden und zur Eintracht ermahnte, ihren Beleidigern zu verzeihen, indem er selbst wieder mit seinem Beispiele voranging [5]). Es entsprach der kirchlichen, innerlich frommen Richtung des Königs. Laut rühmen ihn dessen die Zeitgenoszen. Wie ein Prophet und König des alten Testaments sei er aufgetreten und habe Frieden und Liebe gepredigt. Dem Herrn sei er gefolgt, der stets Frieden und Liebe gepredigt, Frieden und Liebe im Munde geführt habe [6]). Heinrich III. wollte ein Reich des Friedens haben und nicht nur durch Milde,

---

[1]) Annal. Sangall. 1043. Herm. Aug. zu d. Jahre.

[2]) Lamb. Hersf. 1044. Annal. Aug. 1043: magnamque in regno suo pacificationem fecit.

[3]) Arnulf Med. II: c. 19. Veniunt ab Augusto legati treguam inviolalem indicentes, quam totius regni virtute et conscilio iureiurando confirmant.

[4]) Dasz jener Act nicht darin bestand, dasz Heinrich III. in den verschiedenen Gegenden, Provinzen und Stämmen besondere Landfriedenseinigungen errichtete, wird sich noch aus dem ferneren Verlaufe meiner Darstellung ergeben.

[5]) Vgl. den im Archiv für Oestreichische Geschichtsquellen XX, S. 191 abgedruckten Brief Bern's von Reichenau an den König.

[6]) Deshalb nennt Jocundus in der transl. Sti. Servatii Heinrich III. divinae pacis, divinae religionis auctor et amator praecipuus c. 51 divinae pacis, divinae religionis devotissimus amator. Vom Gottesfrieden spricht er nicht. Vorzügliche Lobpreisungen werden Heinrich III. dann in dem Anm. 5 angeführten Briefe zu Teil. Wie Giesebrecht d. K. II, S. 380 und 381 die Worte iustitia et pax fraternae caritatis oscula praelibaverunt, cum universo regno foedera composuerunt, auf Landfriedensbestimmungen hat beziehen können, sehe ich nicht ab. Es ist eben ein rein bildlicher Ausdruck, wie er oft vorkömmt, wie z. B. Arnulf Mediolan II, c. 17: Henricus cum archiepiscopo Heriberto suorum fidelium consultu pacis foedera stabilivit. Bern von Reichenau

sondern auch wo diese nicht half, in strenger, energischer Weise, durch rastlose Thätigkeit, wie der Vater, hat er denselben aufrecht zu erhalten gewust. Es wird davon noch unten die Rede sein.

IV.

Wie Burgund, war auch Italien durch Realunion mit dem deutschen Königthume verbunden, wie Konrad II. einmal rebellischen Pavesen entgegen warf, konnte „wol der deutsche König für dasselbe sterben, aber nicht das deutsche Königthum„[1]). So eng verbunden war das italienische Reich mit dem deutschen, dasz, wenn auch die Groszen desselben nicht bei der Wahl Konrad II. beteiligt gewesen waren, wozu ihnen allerdings die Stimme der Zeitgenoszen ein Anrecht zuerkannte[2]), dennoch, trotzdem dasz damals hier und da schwache Versuche gemacht wurden, die deutsche Herrschaft abzuschütteln, seine Anerkennung durchzusetzen, es nur des Erscheinens Konrad II. auf italienischem Boden bedurfte; die Wahl durch die deutschen Fürsten genügte eben, den deutschen König zugleich zum Könige Italiens zu machen. Konrad II. ist dann von Aribert, dem Bischofe von Mailand in der-

---

hatte aber noch mehr Grund in der Mehrheit zu sprechen, weil pax et iustitia, also zwei Subjecte vorangingen. Sonst hatte die treuga Dei auf Deutschland durchaus keinen Einflusz, auch auf das Bisthum Cambray nicht. Das Bruchstück eines Briefes (Gesta epp. Cam. III c. 59), den Giesebrecht, d. K. II, S. 574, anzieht, läszt sich auf alles eher als auf den Gottesfrieden beziehen. Eine Zusammenkunft der lothringischen Aebte in Thionville, um über die kirchlichen Mittel gegen die Fehden der Groszen zu berathen, folgt aus dem Briefe Abt Siegfrieds von Görz an Poppo von Stablo doch wohl kaum. Vgl. Giesebrecht II, S. 679: paternitatem vestram meminisse non dubito, quia dudum cum Theodonis villam convenissemus (nämlich der Schreiber und Adressat des Briefes) de periculis vestrae aetatis, temporibus olim ab apostolo praedictis etc. das gewöhnliche Gesprächsthema der Gottesmänner jener Zeit also.

1) Wipo c. 7.
2) Wipo c. 1 spricht von den deutschen Fürsten die sich bei Mainz zur Wahlhandlung eingestellt hatten und fährt fort: Italiam transeo, cuius principes in brevi convenire ad regiam electionem nequiverunt, qui postmodum in urbe Constantiensi cum archiepiscopo Mediolanensi et reliquis principibus occurrentes regi sui effecti sunt et ei fidelitatem libenti animo iuraverunt.

selben Stadt gekrönt worden ¹), schwerlich ist derselben noch eine besondere Wahlhandlung vorangegangen. Zwar hat es noch mancher Kämpfe bedurft, Empörer und die der Herrschaft des neuen deutschen Königs widerstrebenden Elemente niederzuwerfen. Das unter Kämpfen errungene aber fiel Heinrich III. mühelos zu. Der Herrschaft der Salier wagte man jetzt nichts mehr entgegen zu setzen. So scheint denn auch eine besondere Krönung Heinrich III. zum italienischen Könige für überflüszig erachtet zu sein ²).

Nachdem Konrad II. Italien zur Anerkennung seiner Herrschaft gezwungen hatte, sind es in den letzten Jahren seines Lebens Aribert von Mailand und die dortige Entwickelung der Verhältnisse gewesen, die ihn im Kampf und Streit Italien nicht haben von der besten Stelle erscheinen laszen. Im Jahre 1036 unternahm er ihretwegen einen neuen Zug nach Italien. Durch Gesetz und Recht hatte er damals in Mailand die kleineren Vasallen, die vielfach der Willkühr ihrer Lehnsherrn ausgesetzt gewesen waren³), an sich gefeszelt und ihr Interesse mit dem des deutschen Königthumes enger verknüft, die Gewalt der groszen Fürsten und Lehnsherrn (capitanei ⁴) beschränkt. Zwar war er dabei mit der ihm eigenthümlichen Härte und Schroffheit verfahren, viele Klagen waren gegen seinen frühern Anhänger Aribert von Mailand laut geworden, er nahm ihn ohne Urteilsspruch eines Fürstengerichtes gefangen. Es ist Aribert gelungen zu entkommen, und es entbrannte ein heftiger Kampf um Mailands Mauern. Konrad hat nicht vermocht die Stadt einzunehmen, er hat Italien verlaszen müszen, ohne den Kampf mit Aribert von Mailand zum Abschlusze gebracht zu haben. Die von ihm dazu beauftragten italienischen treuen Fürsten setzten den Kampf noch einige Zeit ohne ihn fort ⁵). Bald darauf war Konrad gestorben. Schon früher hatte Heinrich III. das Verfahren gegen Aribert von Mailand getadelt, eine Einigung mit dem jungen Kö-

---

¹) Arnulf Mediol. II, c. 2, Giulini, hist. Med. III, S. 197.
²) Von einer Krönung Heinrich III. weiss Sigonius, de regno Italico S. 202, aber ohne Beweise dafür beizubringen.
³) Vgl. Hegel, Geschichte der italienischen Städtefreiheit II, S. 148; Giesebrecht, d. K. II, S. 322 ff.
⁴) Mon. Germ. hist. legg. II, S. 59.
⁵) Arnulf Mediol. II, c. 16.

nige hatte so keine Schwierigkeit. Schon Ostern 1040 erschien Aribert vor ihm in Ingelheim, unterwarf sich und huldigte ihm [1]). Dann sind in Mailand neue Unruhen ausgebrochen. Die kleineren Vaallen oder Ritter (milites, valvassores minores) waren in die Stadt zurückgekehrt, nachdem sie erlangt hatten, was sie erstrebt. Sie kamen jetzt in Conflict mit der Bürgerschaft. In dem Kampfe, den Aribert gegen die italienischen Fürsten nach dem Abzuge Konrads zu führen gehabt, hatte er seine Bürger, freie wie unfreie, bewaffnet und ihnen als Banner den Caroccio gegeben, der später unter Friedrich I. so bedeutungsvoll geworden ist. Das Selbstbewustsein derselben war dadurch gehoben und gesteigert [2]). Jetzt war einer von ihnen durch einen mailändischen Ritter in Folge eines Wortwechsels erschlagen. Da stand die Gesammtheit der mailändischen Bürger auf, die Ritter wurden in einem Straszenkampfe besiegt, sie verlaszen die Stadt mit Weib und Kind, es vereinigen sich mit ihnen zum Kampfe gegen die Vaterstadt die Ritter von Sepria und Martisana. Mailand wird belagert, ohne Kampf vergeht selten ein Tag, drei Jahre hindurch tobt der Bürgerkrieg um Mailands Mauern, bis Gesante Heinrich III., die den in Constanz erlaszenen Frieden verkündigen sollten, demselben ein Ende machten [3]). Am Ende des Jahres 1044 starb Aribert von Mailand. Da kamen alle Stände der Stadt zu einer neuen Bischofswahl zusammen. Die Bürger erklären sich, wie es scheint, für einen Geistlichen niederer Herkunft, die Ritterschaft für edelgeborene. Heinrich III. setzte jenen, Wido mit Namen, zum Erzbischofe ein [4]). So blieb hier Heinrich III. der Politik des Vaters getreu, die niedern Kreise des Staates an sich zu feszeln. Wido blieb ein treuer Anhänger des Königs.

Nicht so fest begründet, wie im Norden der italischen Halbinsel war die deutsche Herrschaft im Süden derselben. Zwar

---

[1]) Annalist. Saxo u. Annal. Altah. 1040.
[2]) Arnulf Mediol. II, c. 16.
[3]) Arnulf Mediol. II, c. 18 u. 19.
[4]) Dies möchte wol der Sinn der von Landulf Mediol. III, c. 3 so verdrehten Erzählung sein: Vgl. Arnulf Med. III, c. 2: Henricus iam dictum habens prae oculis Mediolanense discidium, neglecto nobili ac sapienti primi ordinis clero, idiotam et a rure venientem alegit antistitem. Pabst, de Ariberto archiepiscopo Mediolanensi (Berlin 1863) ist auf diese Wahl nicht eingegangen.

bei ihrem zeitweiligen Aufenthalte haben sich die beiden ersten Salier auch dieser Verhältnisse in ihrer rücksichtslosen Weise angenommen. Konrad II. hat den ihm misliebigen Pandulf IV. von Capua abgesetzt und dessen Herrschaft mit der des Fürsten Waimar von Salerno vereinigt [1]) Heinrich III. dieselbe im Jahre 1047 Waimar, dessen Macht ihm zu gefährlich angewachsen schien, wieder genommen und Pandulf in dieselbe abermals eingesetzt [2]) Im Kampfe mit Griechen und Saracenen war es den Normannen seit dem Jahre 1041 gelungen, festen Fusz in Apulien zu faszen und eine Herrschaft daselbst zu begründen. Von Aversa waren ihre Eroberungen ausgegangen und Aversa blieb hinfort der Mittelpunkt derselben. Apulien ward unter ihre 12 Führer verteilt, von denen einer als Graf Apuliens über den andern stand. Sie alle erkannten im Grafen von Aversa, den Konrad II. mit seiner Grafschaft feierlich investiert hatte, und im Fürsten Weimar von Salerno ihre Lehnsherrn an [3]). Heinrich III. hat die Normannen im Jahre 1047 auch mit den apulischen Eroberungen belehnt. Gebieten die bis dahin die Hoheit des griechischen Kaisers anerkannt hatten [4]). So lange so die deutschen Könige in Italien weilten, haben sie in alle Verhältnisse des Landes eingegriffen, dieselben geordnet und ihrem Willen und ihren Befehlen Gehorsam zu verschaffen gewust. In ihrer Abwesenheit freilich hat man sich wenig um die deutsche Oberhoheit gekümmert. Die Beneventaner verjagten 1050 ihre Fürsten und öffneten Papst Leo IX. ihre Thore. Mochte dann Heinrich III. das Anrecht Leo IX. auf Benevent anerkennen, die Normannen, denen 1047 Heinrich III., weil die Bewohner Benevents seinen Zorn gereizt hatten, dasselbe mit seiner Umgebung zum Raube und zur Plünderung überlaszen hatte, betrachteten Benevent, nachdem ihnen von Leo IX. selbst der Schutz desselben anvertraut worden ist, als ihre Eroberung und giengen den Kampf um dasselbe mit Leo IX. ein, in dem dieser bekanntlich seinen tragischen Untergang gefunden

---

[1]) Aimé l'ystoire di li Normans II, c. 10. Leo Ost. II, c. 63.
[2]) Leo Ost. II, c. 78.
[3]) Aimé II, c. 29 u. 30. Leo Ost. II, c. 67. Guilelmus Appulus V, 320 ff. 420 ff.
[4]) Leo Ost. II, c. 78.

hat. Nominell war immerhin die deutsche Oberhoheit auch in Unteritalien anerkannt, zur factischen ward sie, wenn die deutschen Könige mit ihren Streitmächten persönlich in jenen Gegenden erschienen.

Mit den Groszen und Fürsten Norditaliens hat Heinrich III. mehrfach Landtage auf deutschem Boden abgehalten. Wie für die Burgunder Straszburg und Solothurn, so war Zürich die Stadt der italienischen Versammlungen [1]).

Hervorzuheben für die Regierung des Landes ist, dasz das alte Institut der carolingischen Sendboten bis in unsere Zeit und noch lange nach derselben sich erhalten hat, die sehr oft den Frieden zu wahren, Recht zu sprechen, unentschiedene Streitigkeiten zu schlichten, das Reich Italien durcheilten — gewöhnlich wurden die Kanzler oder auch andere geistlichn und weltliche deutsche Fürsten dazu ausersehen [2]). Zeitweilig scheint am

---

[1]) Noch viel später ward Zürich als italienischer Landtagsort angesehen. Vgl. Otto Frisingensis, de gestis Friderici I. 1, c. 8. Heinrich III. tagte mit den Italienern vor seiner Romfahrt 1) am 2. Februar 1040 zu Augsburg. Annal. Hildish. 1040: placitum habuit cum Cialpinis priboribus de rei publicae stabilitate, und mit Aribert von Mailand allein Ostern dess. Jahres zu Ingelheim. Annal. Altah. und Annalist. Saxo 1040. 2) Im Februar 1045 zu Augsburg. Annal. Altah.: Langobardorum conventum habuit et cum eis illius regni ordinationem disposuit. Nach seiner Romfahrt in der Mitte Februar 1054 zu Zürich, M. G. legg. II, S. 41 und 42: Dum Turegi universali conventi fidelium italicorum sederemus. Vgl. Lupus, Cod. dipl. Berg. II, 642: Dum in palatio Turegi Henricus in iudicio residebat.

Von den auf seinen italienischen Zügen abgehaltenen Tagen, während welcher ihn wol stets italienische Fürsten umgaben, spreche ich hier nicht. Hervorzuheben ist, dasz auf Heinrichs zweiten Zuge zum ersten Male die roncalischen Felder als Tagungsort erschienen. Vgl. Arnulf. Mediol. III, c. 6. Lupus, Cod. dipl. Berg. II, S. 643.

[2]) Im Jahre 1043 finden wir den Kanzler Adalgar als missus in Italien tätig. Vgl. Mon. Patriae hist. chart. I, S. 552. Giulini III, S. 373—376. Schon vorher den Canzler Kadalous, vgl. Leo Ost. II, 87; 1049 einen Bischof Teutemarius und zwei weiter nicht bekannte Grafen, vgl. Lupus, Cod. dipl. Berg. II, S. 626. Auch die Kanzler Opizo, Günther und der Bischof Nitker von Freising sind zu verschiedenen Zeiten vom König als missi nach Italien geschickt worden. Auszerdem scheinen die Könige stehende missi zur Vertretung ihrer Einkünfte in Italien gehabt zu haben. Vgl. Urk. Heinrich III. ohne Datum (Mon. Patr. hist. Chart. I, S 553: für den Bischof von Asti) quendam militem nomine Chunibertum

Ende des Lebens Heinrich III. die Verwaltung des italienischen Reiches dem Papste Victor II., wie nach Heinrich III. Tode jenem und Gotfried von Lothringen übergeben worden zu sein [1]).

V.

Alle diese Länder nun, sowol das eigentliche Deutschland wie die mit demselben mittelbar und unmittelbar verbundenen Reiche vereinigte der deutsche König in der Kaiserkrone. Das Kaiserthum von Karl dem Groszen begründet, ist seit Arnulf und Otto dem Groszen ein wenig bestrittenes Anrecht des deutschen Königthums geworden. Seit dem letztern haben sich alle deutschen Könige die Kaiserkrone in Rom vom Papste aufs Haupt setzen laszen. Als Kaiser war der deutsche König Oberhaupt der ganzen abendländischen Kirche und Christenheit [2]). Wie der Papst für das ewige und zeitige Wol der Christenheit als einer groszen, zusammengehörigen Gemeinschaft mit der geistlichen, ihm, wie man glaubte, von Gott gegebenen Gewalt zu sorgen hatte, sollte der Kaiser jenen mit seiner weltlichen Macht unterstützen [3]). Beide Gewalten ergänzten sich gegenseitig. Als Kaiser war der deutsche König Schirmvoigt der ganzen römischen Kirche des Abendlandes, sollte er, wie er bei seiner Kaiserkrönung in die Hand des Papstes versprechen muste [4]), den römischen Glauben in allen abendländischen Ländern schirmen und schützen, beanspruchte er auszerdem das Recht, die unter den einzelnen europäischen Staaten entstandenen Streitigkeilen zu schlichten. Es war etwas groszes und erhabenes in

---

elegimus et statuimus nostrum missum in toto episcopatu Astensi et in comitatu Bredolensi

[1]) Annal. Altah. 1047. Nach Palma, storia del regno di Napoli S. 123 und 124 ff. hatten sie dann als solche ihre eigenen missi, die in ihrem und des Kaisers Namen Recht sprachen.

[2]) Wipo, tetral. V 99: Tu caput est mundi, caput est tibi rector Olympi. Praefatio vitae Conradi: Henricus dominus huius orbis dominantium.

[3]) Sachsenspiegel I, c. 1.

[4]) Dort versprach er, Gottes Diener, dem heil. Apostelfürsten Petrus Schützer und Wahrer der römischen Kirche zu sein. Vgl. Biblioth. maxima patrum XIII, S. 731.

der Idee, und muste mit groszem behauptet werden. Von keinem deutschen Könige vielleicht aber ist die Aufgabe idealer gefaszt worden, als von Heinrich III. Er zeigte es durch seine Reformation des Papstthums, wodurch er unbewust der Geschichte als Handhabe gedient hat, jenen religiösen und politischen Zwiespalt hervorzurufen, wie er unter Heinrich IV. Regierung unheilvoll genug für das deutsche Reich zwischen Papstthum und Kaiserthum ausgebrochen ist, und um den dann die Geschichte der folgenden Jahrhunderte sich gedreht hat. In welcher tief innerlich frommen Weise Heinrich III. sein Königthum auffaszte, hatte er durch Verkündigung jenes Friedens gezeigt, welche in vollem Masze der Stimmung seiner Zeit und der Kirche Ausdruck verliehen hatte. Dieselbe Zeitstimmung forderte eine Reform der abendländischen Kirche, die von Rom ausgehen sollte. Dasz aber das abendländische Kaiserthum sein Ziel sei, hatte Heinrich III. schon im Jahre 1045 gezeigt, wo er wol zum ersten Male einen Römerzug ins Auge faszte, dadurch dasz er jene in Stuhlweiszenburg ihm von Peter von Ungarn übergebenen Insignien des ungarischen Königthums als Triumphalien nach Rom übersante. Ungarn sollte erobertes Pertinens des römischen im deutschen Könige repräsentierten Reiches sein.

In Italien hatte seit geraumer Zeit, ebenso und besonders in Rom Rohheit und Entsittlichung um sich gegriffen. Simonie und Nicolaitismus waren an der Tagesordnung. In Verbindung mit Heinrich II. hatte schon Benedict VIII. eine Reform der Kirche angebahnt, aber ohne Erfolg. Konrad II. hatte dann die Entwickelung der Kirche sich selbst überlaszen. Jetzt hatte die Verworfenheit und das Elend in Rom seinen Gipfelpunkt erreicht. Das abscheulichste Schisma herrschte daselbst. Adelsparteien durchwühlten die Stadt, setzten Päpste ein und ab, für und wider tobte der Kampf, von 1044—1046 dauerte das Schisma, während dessen einmal drei Päpste in Rom residiert haben sollen. Benedict ein Knabe, den seine Zeitgenoszen aller möglichen Bubenstreiche bezüchtigten, der unbedeutende Sylvester, dem es nicht gelang, Einflusz zu erlangen, und der gutmütige Gregor VI., der zwar die Stimme des Abendlandes für sich gewann, aber doch, wie er glaubte, um dem Unfuge ein Ende zu machen, die päpstliche Würde gekauft hatte [1]).

---
[1]) Vgl. Jaffé reg. pontificum Rom. S. 361—364. Giesebrecht d. K. II, S. 410 ff.

Im Herbst des Jahres 1046 brach Heinrich III. zum Zuge nach Rom auf. Man wuste, was er wollte, vorzüglich Geistliche aus seinen Ländern scheinen seine Umgebung gebildet zu haben. Ein bereits in Italien ausgestelltes Actenstück nennt 6 Erzbischöfe und 34 Bischöfe [1]. Andere wie Adalbert von Bremen sind nicht darin aufgeführt. Auf der Synode zu Sutri wurden Sylvester und Gregor VI. abgesetzt [2]. Der letztere, wenn auch von vielen Geistlichen anerkannt, entsprach trotzdem dem Sinne des Königs nicht. Ueber Benedict VIII. gieng man hinweg, da er ganz widerrechtlich den römischen Stuhl eingenommen, weil er seine Würde an Gregor VI. verkauft hatte. Auf der dritten Synode zu Rom ward dann freilich förmliche Absetzung über ihn ausgesprochen [3]. Ein deutscher Bischof, Suidger von Bamberg ward auf den päpstlichen Stuhl erhoben [4]. Von diesem ward Heinrich III. am folgenden Tage (Weihnachten 1046) mit seiner Gemahlin feierlichst zum Kaiser gekrönt. Es ist nun in mehr als einer Beziehung wichtig, wie sich Heinrich III. zu den Römern stellte, jenem wankelmütigen Volke, das noch fast jedem seiner Vorgänger durch Straszenkämpfe den Zug zum Lateran und die Kaiserkrönung erschwert hatte. Keine Unruhe, kein Aufstand stört den Aufenthalt des Kaisers in Rom, und man musz in der That sein Auftreten freudig begrüszt haben, die Weise, wie er dem Schisma und damit der Herrschaft der römischen Groszen ein Ende machte. Jene hatten sich Patricier genannt, in ihren Händen waren die Päpste Spielbälle gewesen. Ursprünglich sollte der Patricier, wie das Amt seit Otto III. die Bedeutung gewonnen hatte, Stellvertreter und oberster Richter des Kaisers in Rom sein [5]. Es war klug vom Kaiser, dasz er jetzt nach der Krönung der Eitelkeit der Römer

---

[1] Mansi XIX, S. 615.
[2] Bonitho, liber ad amicum, ed. Jaffé S. 51. Desideriidialog. liber II, (Mabillon, acta Sctorum IV, 2, S. 452). Annales Romani (M. G. SS. V, S. 469).
[3] Annal. Corb. annal Weissenburg. 1046. Chronicon Altinate (Archivo storico, appendice, V, S. 59).
[4] Herm. Aug. 1046. Desiderii dialog. liber III, a. a. O.: congregato clero et populo Romano, una cum episcopis, qui in praedictam convenerunt synodum, communi consilio elegerunt... Vgl. Leo Ost. II, c. 77.
[5] Galetti, del primicero Nr. 26. Giesebrecht d. K. I, S. 864.

nachgab, sich den Patriciat übertragen liesz und so ein innigeres Band zwischen sich und den Römern knüpfte, als es einem seiner Vorgänger gelungen war. Mit dem Papste und den Römern verständigte sich Heinrich III. zugleich über die Papstwahl und es war ausgemacht worden, dasz hinfort der Kaiser und Patricier den Papst ernennen solle, bevor er in Rom geweiht wurde [1]). Zu keiner Zeit stand der römische Kaiser so an der Spitze der abendländischen Kirche wie unser Heinrich III. Noch in Rom wahrscheinlich war es, wo er jene so oft angezogene Rede hielt, die Zeugnis ablegte von seiner Gesinnung und Auffaszung vom Kaiserthume. Den versammelten Bischöfen warf er vor, dasz sie durch Simonie ihre Aemter erlangt, untere Kirchenämter erkauft hatten Auch das Andenken seines Vaters schonte er nicht, der vielfach für Verleihung kirchlicher Aemter Geld genommen und durch das Laster der Simonie sich befleckt habe. „Wie Gott, schlosz er seine Rede, mir die Kaiserkrone allein aus Gnade und umsonst gegeben hat, so werde auch ich ohne Lohn und Geld vergeben, was die Religion und den Glauben angeht. So sollt auch ihr." Ein Gesetz, heiszt es, liesz er dann durch alle Länder, für alle unter seiner Kaiserkrone vereinigten Reiche ausgehen, dasz

---

[1]) Annal. Romani (M. G. SS. V, S. 469: itaque serenissimus princeps cernens Romanorum omnium voluntatem, circulum quod antiquitus Romani coronabant patricios, in capite posuit suo et ordinationem pontificum concesserunt.... Petrus Damiani, disceptatio synodalis, opp. III, S. 27: Henricus imperator factus est patricius Romanorum, a quibus etiam accepit in electione pontificis semper ordinandi principatum. Patriciat und das Recht der Papstwahl waren offenbar etwas verschiedenes und nicht so identisch, wie aus Bonitho ed. Jaffé S. 54 hervorgehen möchte. Durch den erstern ward der Kaiser Römer und Herr der Stadt Rom. Beides hätte er haben können ohne sich dem Patriciat förmlich übertragen zu laszen. Bonitho's Darstellung ist von dem Unmuthe darüber dictiert, dasz Heinrich III. nicht damals gleich nach Beseitigung der römischen Capitane das Papstthum völlig selbstständig machte und sich, wozu er aber als Kaiser das Recht hatte, an die Stelle der Capitane stellte. Die Darstellung Stenzel's, fränkische Kaiser, I, S. 114. Dönniges, Staatsrecht S. 465. Gregorovius, Gesch. der Stadt Rom im Mittelalter IV, S. 127, stützen sich auf Benzo, Panegyricus ad Henricum IV. imp. VII, c. 2, dessen Zeugnis jenen Quellen gegenüber nicht Stich hält. Vgl. Hegel I, S. 317. Giesebrecht d. K. II, S. 415—419. Aehnlich sieht C. Will, Anfänge der Restauration der Kirche I, S. 8 die Sache an, dessen Ansicht vom Patriciate selbst an dieser Stelle freilich, wie im zweiten Teile des Werkes vom Patriciate Gotfried's von Lothringen unhaltbar ist. Vgl. S. 48.

hinfort kein Kirchenamt mit Geld erkauft oder verkauft werden solle [1]). Nie so ausgeprägt war es von einem deutschen Kaiser ausgesprochen worden, dass das Kaiserthum mit seiner weltlichen Gewalt die Kirche zu schirmen und zu schützen, den heiligen römischen Glauben zu wahren habe. Ueber das Abendland glaubte er durch die Kirche herrschen zu können, denn auch die Einsetzung der Bischöfe stand ihm zu, wahrscheinlich ward auch das in Rom ausgesprochen [2]), gewis im Zusammenhange steht damit, dasz Heinrich III. gleich nach seiner Kaiserkrönung fünf Bistümer, teils deutsche, teils italienische neu besetzte [3]). Gestützt auf das ihm zugestandene Recht der Papstwahl hat Heinrich III. der römischen Kirche dann vier deutsche Päpste gegeben, die in der Entwickelung der abendländischen Kirche und Gesellschaft eine neue Phase vorbereitet, die Kirche reformiert, aber auch jenen Kampf heraufbeschworen haben, der nachdem die reife, von ihnen gezeitigte Frucht nicht der deutschen Geistlichkeit, sondern den heiszblütigen Männern des Südens zugefallen war, aus einem Kampfe des Papstthums mit dem Kaiserthume zu einem Kampfe der germanischen mit der romanischen Welt sich entwickelt hat. Es gehört nicht hierher, sondern einem andern Abschnitte an, welche Erfolge in allen Ländern des Abendlandes das so durch Heinrich III. reformierte Papstthum alsbald vorzüglich unter dem kräftigen und energischen Leo IX. (von 1048—1054) gewonnen hat. Groszmütig stand Heinrich III. in allem dem Papstthume Leo IX., nur nicht

---

[1]) Rodulf Glaber V., c. 8. Giesebrecht d. K. II, 383 setzt diese Rede vor Heinrich III. Römerzug; er stützt sich darauf, dasz Rodulfs Chronik nur bis zum Jahre 1046 gienge. Rodulf schrieb aber a..s Ende des eilften Jahrhunderts und was er wuste, bunt durch einander. Auf seine Chronologie ist nichts zu geben, wol aber unterscheidet er bei seinen Erzählungen über Heinrich III. genau zwischen Rex und Imperator. In der Rede selbst spricht Heinrich III. von der Corona imperialis, mithin folge ich Stenzel I, S. 117, den Gfrorer, Kirchengeschichte IV, 407, sowie Giesebrecht a. a. O. mit Unrecht tadeln.

[2]) Die Nachricht der annal. Romani V, S. 469: et concesserunt ei ordinationem pontificum, ei concesserunt et episcoporum regalia habentium, möchte ich nicht so unbedingt verwerfen, so gewis es ist, dasz der Investiturstreit Einflusz auf sie gehabt hat.

[3]) Herm. Aug. 1047.

in der Erwerbung von weltlichem Besitzstande bei [1]). Staatsrechtlich für die Stellung des Papstthumes dem Kaiserthume gegenüber wichtig und deshalb hervorzuheben ist hier, dasz alle vier von Heinrich III. eingesetzten Päpste ihre deutschen Bisthümer beibehielten. Nur Leo IX. stufenmäszig immer weiter gedrängt von der Idee der Unabhängigkeit der Kirche vom Staate, den Ideen der Clugniacenser, unter denen mithandelnd bereits bedeutsam die Persönlichkeit des kühnen Hildebrand hervorragt, — hat sein Bisthum Toul 1050 dem Kaiser zurückgegeben. Leo IX. ist dann im Kampfe um die Erweiterung der weltlichen Macht des Papstthums gescheitert, hat in demselben Kampfe mit den Normannen um Benevent seinen tragischen Untergang gefunden. Nach seinem Tode erbaten sich die Römer, als deren Gesanter Hildebrand, der spätere Gregor VII. nach Deutschland kam, Gebhart den Bischof von Eichstet, den Vertrauten Heinrich III. zum Papste: ein deutscher Reichsfürst durch und durch, der unserem Kaiser in allen Reichsgeschäften zur Seite stand [2]). Es war ein Mann, von dem zu erwarten stand, dasz er die Tiara nur mit dem Glanze zu führen gewillt wäre, mit dem ein deutscher Reichsfürst der damaligen Zeit sich zu umgeben pflegte, und der eben deshalb und als Vertrauter des Kaisers gerade den weltlichen Besitzstand des Papstthums zu heben geeignet schien, ein Streben, indem Leo IX. eben gescheitert war. Wir hören, wie Gebhart von Eichstet die Wahl zum römischen Bischofe, in der sowol der Kaiser wie die deutschen Bischöfe und die römischen Gesanten übereingekommen waren, zwar annahm, aber doch nur unter der Bedingung, dasz der Kaiser Rom abhanden gekommene Besitzungen zurückgäbe. Wir wiszen nicht, welche Besitzungen zurückgegeben sind, wir hören nur von einer Zurückgabe der Stadt Arpi [3]). Aber Rom kam damals ganz unter die Herrschaft des Papstes; wie es scheint, legte Heinrich III. den Patriciat nieder [4]), das Recht der Papstwahl dagegen sollte dem Kaiser noch immer factisch gewahrt sein [5]). Victor II. nennt sich Herr der Stadt Rom,

---

[1]) Dies zu beweisen gehört der Fortsetzung dieser Arbeit an.
[2]) Leo Ost. II, 88. Anonym. Haserensis c. 28.
[3]) Aimé l'yst. di li Norm. III, c. 46.
[4]) Bonitho a. a. O. S. 60.
[5]) Sofern von einem Rechte die Rede sein kann. Da es im Mittel-

zugleich ward er bei der zweiten Anwesenheit des Kaisers in Italien Verweser des italienischen Reiches, Spoleto's und Camerino's¹). Trotz der bedeutenden Machtstellung aber behielt er sein Bisthum Eichstet bei; auch nach dem Tode Heinrich III. war er der treueste Berather der Kaiserin Agnes und ihres unmündigen Sohnes Heinrich IV. Unter seiner Vermittelung wurden die Verhältnisse des Reiches nach dem Tode Heinrich III. geordnet und festgesetzt²).

Eine eigentümliche Mittelstellung zwischen Kaiserthum und Rom scheint der Markgraf Bonifacius von Tuscien eingenommen zu haben: Bonifacius war bei der Kaiserkrönung in Rom gegenwärtig, ebenso wie bei der Wahl Suidgers von Bamberg als Clemens II.³) Er ist es, der nach des letzteren Tode sich in die Verhältnisse Roms mischt, Bonifacius IX. auf den Thron zurückzuführen und Unordnung anzustiften sucht, — freilich fügte er sich dann willig Heinrich III. Befehle, den neuen von ihm designierten Papst Poppo von Brixen nach Rom zu geleiten und für dessen Inthronisation zu sorgen⁴). Eine ähnliche Stellung nimmt nach Heinrich III. Tode Gotfried von Lothringen, als Gemahl der Beatrix Nachfolger des Bonifacius in der Markgrafschaft Toscana, ein. Ein Zeitgenosse legt ihm und den Senioren von Canossa es gleichsam als Pflicht

---

alter an Aufzeichnungen des Rechtes und der Verträge fehlte, so ward das einmal geschehene zum Rechte, und was dem Vater Recht war, war dem Sohne billig. Die kaiserliche Partei machte unter Heinrich IV. ein Erbrecht geltend auf das Recht der Papstwahl. Vgl. Annal. Rom. V, 469. Petr. Dam. disceptatio synodalis, III, 27. Dasz der Patriciat bei der bedeutenden Machtstellung Victor II. für Italien (siehe die folg. Anm). an Bedeutung verlor, versteht sich von selbst. Welche Folgen die päpstliche Partei daraus zu ziehen verstand und dasselbe mit der Person Hildebrand's in Beziehung brachte, vgl. Bonitho S. 60.

¹) Vgl. Victor's Urk. vom Juli 1055 (also schon bei der zweiten Anwesenheit Heinrich III. in Italien) bei Ughelli, Italia sacra I, 352: Ibi erat Victorius sedis apostolicae praesul urbis Romae, gracia Dei egregius Italiae universali pp. regiminis successus marcam Firmanam et ducatum Spoletinum... dum in placito resideret... Nach dem Tode Victor's ward Spoleto und Camerino von Gottfried von Lothringen verwaltet. Vgl. Palma, a. a. O. S. 123 und 125.
²) Vgl. Giesebrecht d. K. II, S. 659.
³) Benzo VII, 2.
⁴) Annal. Rom. V. 469.

und Recht bei, die vom Kaiser ernannten Päpste nach Rom zu geleiten ¹). Hyperbolisch wird er dann Patricier und Bannerträger des römischen Stuhles genannt ²). Es scheint somit den unruhigen Capitanen der Weltstadt gegenüber der Schutz des Papstes in die Hand des Bonifacius und dann auch Gotfrieds gelegt worden zu sein. Mit dem Titel eines Patricius von Rom ward überhaupt wol viel Unfug getrieben, so dasz man zuletzt nicht mehr wuste, was derselbe eigentlich zu bedeuten gehabt hatte ³).

Nach dem Tode Heinrich III. und Victor II. folgte allmälig die Emancipation der Papstwahl vom Kaiser, unter Gregor VII. der erste feindliche Zusammenstosz zwischen Kaiserthum und Papstthum, in dem jenes die erste Niederlage und Demütigung erlitt.

VI.

War im vorgehenden die Stellung des Kaisers die eines Oberhauptes der abendländischen Kirche und Schirmvogtes des römischen Glaubens, haben wir gesehen, wie Heinrich III. diese gefaszt hat, so dürfen wir nun keineswegs diese Stellung so ansehn, als wenn der deutsche König zu derselben erst durch seine Kaiserkrönung gelangte. Einen Teil der Aufgaben, welche die Kaiserkrone ihrem Inhaber auferlegte, erfüllte der deutsche König schon vor seiner Krönung zum deutschen Kaiser, wenigstens in den mit dem Reiche verbundenen Ländern, von denen wir geredet. Ihnen gegenüber gab nicht das Kaiserthum erst den deutschen Königen Rechte und Pflichten. Auch die Fürsten Unteritaliens schickten Heinrich III. schon vor dem Jahre 1047

---

1) Benzo II, 13: Cum sit per seniores Canussiac paparum ducatus. Und ebendaselbst, wo Gotfried von sich sagt: uterque nostrum recuperabit ius suum, ego viae ducatum, et vos me ducente pertingetis ad apostolatum. Vgl. Lamb. Hersf. 1059: Rex, habita cum primoribus deliberatione, Gerhardum Florentinum episcopum, in quem Romanorum et Teutonicorum studia convenerant, pontificem designat, Romamque per Gotefridum marchionem transmittit. Vgl. dagegen C. Will a. a. O. II, S. 55 u. 78.

2) Hubert, chronicon Andagin. (M. G. SS. XII.) S. 581, Jocundus, translat. s. Servatii c. 56: signifer Romanus. Der Herausgeber Köpke erklärt: scutarius, was Gotfried nach Berthold 1065 bei Heinrich IV. Wehrhaftmachung war.

3) So bei Benzo VII, 2.

jährlich Ehrengeschenke und Tribut über die Alpen ¹). So kam es, dasz das Kaiserthum und Königthum in Bezug auf die Ausübung der Herrscherrechte in all diesen Ländern sich kaum von einander scheiden liesz, so kam es, dasz die deutschen Könige auch vor ihrer Krönung zu abendländischen Kaisern in Actenstücken von den Pflichten ihrer Kaiserwürde sprechen, wenn die Privilegien denn auch hinterher selbst königliche genannt werden ²). Die Stellung des deutschen Kaisers als eines Oberhauptes der Christenheit und des Ersten der Fürsten des Abendlandes aber war noch durchweg von allen europäischen Staaten anerkannt. Im Kaiser Heinrich III. erkannten die Normannen in Apulien ihren Lehnsherrn, für Gebiete also, die früher dem morgenländischen Kaiser unterworfen gewesen waren. Wir hören, dasz der Dänenkönig Svend Estrithson sich erbot, Heinrich III. mit einer Flotte gegen Balduin von Flandern im Jahre 1049 zur Hülfe zu sein, und dem Kaiser den Eid der Treue schwor ³). Vorsichtiger ist die Nachricht aufzunehmen, dasz auch der König von England ihm seine Unterstützung gegen die rebellischen Fürsten Balduin von Flandern und Gotfried von Lothringen zugesagt habe⁴); gewis ist, dasz der französische Fürst Theobald von Champagne, wenn, wie es scheint, auch nur für eine Zeit lang, sich als Vasall des deutschen Kaisers bekannt hat⁵). Viel später sind die Grafen mit dem Titel Pfalzgrafen des römischen Reiches vom deutschen Kaiser beehrt worden. Es liegen Traditionen aus Spanien, wenn auch späterer Zeit angehörig, vor, dasz Heinrich III. vom Papste Victor II. geistliche Strafen gegen den spanischen König Ferdinand von Leon verlangt habe, weil dieser dem römischen und deutschen Kaiser die Anerkennung versagt und selbst nach kai-

---

1) Aimé II, c. 34.
2) Urk. Heinrich III. vom 16. Sept. 1045. Origg. Guelficae I, S. 354.
3) Florentius Wigorn. 1040: Suanus, rex Danorum, ut imperator illi mandarat, cum sua classe ibi adfuit et ea vice fidelitatem imperatori iuravit. Adam Brem III, c. 17: Ita pontifex (Adelbert von Bremen) persuasit Caesari, ut evocatus rex Danorum in Saxoniam uterque alteri iuraret amicitiam. Vgl. Herm. Aug. 1053.
4) Roger Hoveden 1049.
5) Herm. Aug. 1054: Ubi Theodbaldus filius Odonis ad eum de Galliis veniens et miles eius effectus auxilium suum illi pollicitus est. Vgl. zu dieser Stelle Conring, de finibus imp. Germ. S. 480.

serlichen Ehren getrachtet habe ¹). In den Romanzen des phantasiereichen Volkes erscheint Heinrich III. als Feind des spanischen Namens und Ruhmes, den das gute Schwert des Cid bekämpft habe. In solcher idealen Weise gefaszt liesz sich allerdings schwer sagen, wo die kaiserliche Gewalt anfing und wo sie aufhörte. Jedesfalls ging des Kaisers factische Herrschaft so weit, als sein Arm und die Streitmächte des deutschen Reiches sich erstreckten. Immerhin war der deutsche Staat der erste und mächtigste unter den Staaten des Abendlandes.

VII.

In den seit dem Jahre 1039 ausgestellten Urkunden zählt Heinrich nach den Jahren seiner Ordination 1028 und des Königthums 1039. Bis 1047 nennt er sich „von Gottes Gnaden König" ²), noch war es nicht aufgekommen, dasz die deutschen Könige vor der Kaiserkrönung sich König der Römer nannten. Von 1047 nennt er sich stets „von Gottes Gnaden" erhabener Kaiser der Römer, selten finden wir andere Benennungen ³). Gewöhnlich ist er auf dem Siegel sitzend abgebildet. Als Insignie zeigt der Stab, den er in Händen trägt, einen Adler ⁴).

Der deutsche König oder Kaiser hat die höchste Gewalt im Reiche, von ihm ging die Gerichtsbarkeit aus, er war oberster Kriegsherr, freilich entschied er dann niemals allein, die Fürsten und Groszen des Reiches wurden bei allen Regie-

---

¹) Mariana de rebus Hispanicis L. IX, c. 5. Mascov, commentarii, Excurs 29.

²) Divina favente clementia Rex; nur in einer Urkunde vom 13. Februar 1041 (Calmet, hist. de Lorraine II, preuves, S. 271) nennt sich Heinrich III. Romanorum rex, doch beruht dies wol nur auf einem Fehler des Abschreibers, wie in derselben Urkunde noch andere Fehler vorkommen.

³) Divina favente clementia imperator Augustus. Nur in der Urk. vom 11. Juli 1049 (Dunod, hist. de Besançon I, S. 39) steht: Rex invictissimus Teutonicorum III, Romanorum imperat. august. II, Burgundionum I.

⁴) Heyberger Nr. 27. Doch auch in anderer Form kommt das Siegel vor. Auf einem desselben sitzt er in der rechten emporgehobenen Hand den Reichsapfel mit dem Kreuze haltend, in der Linken einen Stab mit rundem groszen Knopfe. Umschrift: $\overline{Di}$ $\overline{Gra}$ Romano R Imp. Aug... Vgl. Erhard reg. Westphal. Nr. 141.

rungshandlungen hinzugezogen, die das ganze Reich betrafen, wenn zum Beispiel ein Reichskrieg oder der Römerzug beschloszen werden sollte; die Fürsten und Groszen eines einzelnen Stammes, wenn über dessen Angelegenheiten entschieden werden sollte. Nur mit der Zustimmung der Groszen und Fürsten erliesz der König Gesetze für seine einzelnen Reiche [1]), für die einzelnen Stämme des deutschen Landes. Nicht weniger wurden die unteren Kreise im Staate, selbst Unfreie zu seinem Rathe hinzugezogen, wenn er für diese ein Gesetz erliesz [2]). Schon oben habe ich auf die Landtage hingewiesen, die Heinrich III. für Italien und Burgund abgehalten hat; in Deutschland kommen nun allgemeine Reichsversammlungen, zu denen auch wol italische und burgundische Groszen erschienen, als Landtage für die einzelnen Stämme vor. Es hält schwer, beide zu scheiden, auch waren die lezteren selten wol auf einen Stamm allein beschränkt [3]). Auszer den Groszen eines Stammes, wenn er

---

[1]) Deshalb sagt Heinrich III. von sich, Zürich 1054, M. G. legg. II, S. 42: Quapropter quum Turegi universali conventu nostrorum fidelium Italicorum sederemus, orta quaestione de illicitis coningiis, consilio nostrorum principum archiepiscoporum, episcoporum, marchionum, comitum ac iudicio iudicum seu consensu omnium iudicantium huiusmodi diffinivimus.

[2]) Vgl. das St. Maximiner Vogteirecht bei Beyer Mittelrh. Urkb. I, 401: unde in praesentiam nostri aliorumque fidelium Eberhardi Treverensis, Luitbaldi Maguntiensis venerabilium archiepiscoporum etc. duodecim de servientibus, qui Scaremanni dicuntur et 24 ex antiquioribns de familia per sacramentum iurare et confirmare decrevimus, quibus legibus vel iurisub tempore Heinrici ducis senioris servientes aut familia illius subiaceret u. s. w.

[3]) Vgl. Pfeffinger, Vitr. illust. I, S. 103. Allgemeine Reichsversammlungen 1) im April 1041 zu Seligenstadt; Annal. Altah.: principum conventus. 2) Ostern 1042 zu Köln totius regni principes congregavit. Annal. Altah. 3) 1043 zu Ulm. Annal Sangall. maior: generale colloquium. 4) Im Herbst 1045 zu Tribur. Herm. Aug.: Regale colloquium apud Triburiam condictum gravis regis infirmitas praepedivit. 5) 18. Mai 1046. Annal. Altah. Herm. Aug. 6) 7. Iuni 1047 zu Speier. Herm. Aug.: Pentecostes solemnia Spirae celebravit, ibi colloquium cum regni principibus habuit. 7) Tribur. Novbr. 1053. Herm. Aug.: magno apud Triburiam conventu habito. 8) 1054 zu Regensburg. Herm. Aug. Annal. Altah. 1054: habito generale colloquio. 9) 6. März 1055 ebendaselbst. Anonym. Haser. c. 98: Ratisponae collectis universis regni primatibus. Landtage: 1) ein sächsischer am 30. Novbr. 1040 zu Altstide.

solche zu sich entbot, waren immer andere Fürsten, geistliche und weltliche um ihn, die Vorschläge machen, Privilegien erhalten, überhaupt durch den Kaiser zu Gröszerem aufsteigen wollten. Alle Fürstenversammlungen wurden angesagt — noch aber hat sich keine bestimmte Norm für die Zeit festgesetzt, während der es geschehen muste. Boten des Kaisers durchzogen das Reich. Alle Reichsfürsten aber waren verpflichtet zu erscheinen, wenn er sie entbot [1]).

Feste Residenzen besaszen unsere Kaiser nicht, sie wanderten ohne Ruhe und Rast von Pfalz zu Pfalz, von Stamm zu Stamm, kaum dasz sie auf Lieblingssitzen wie Heinrich III. zu Goslar oder Regensburg sich einmal eine längere Erholung vergönnten. Wo sie sich aufhielten, gingen bald Fürsten der benachbarten Gegenden bei ihnen aus und ein. Diese wurden recht eigentlich Fürsten der Pfalz genannt [2]). Viele, wie Adalbert von Bremen suchten freiwillig den Hof und die Umgebung des Kaisers [3]).

Eine wichtige Rolle am Hofe des Kaisers und bei den Reichsgeschäften spielten die Kanzler, welche die Actenstücke, Privilegien und andere Urkunden ausstellten, auf deren Rath der König hörte, die oft Fürsprache für ein Kloster oder ein Bisthum, das um die Bestätigung seiner Besitzungen und Rechte, für Privatpersonen, die sich um eine Schenkung oder anderes an den Kaiser wanten, einlegten; dasselbe that oft seine Gemalin Agnes; dasselbe am Hofe verweilende geistliche oder weltliche Fürsten.

Die Kanzler stellten die Urkunden und Actenstücke für die Erzkanzler aus. Unter Heinrich war der Erzkanzler für

---

Annal. Saxo: placitum habuit. 2) 1043 ein schwäbischer mit der daselbst abgehaltenen Synode verbunden. Annal. Saugall. Herm. Aug.: omnes praesentes Suevigenas sibi reconciliavit. 3) Ein sächsischer am 1. Juli 1046 zu Meissen. Annal. Altah. 4) Ein schwäbischer 1048 zu Ulm. Herm. Aug.: Ulmae colloquium habens Ottonem de Suinvord marchionem Suevis ducem constituit. 5) Ein bairischer, am 1. Juli 1050 zu Nürnberg. (Annal. Altah.) zur Berathung von Maszregeln gegen Ungarn.

1) Lamb. Hersf. 1056: notatumque est, nulla retro memoria sine publica indictione tot illustres personas in unum confluxisse.

2) Anselm, gesta epp. Leod. c. 50: principes palatii.

3) Adam Brem. III, c. 5 ein schönes Beispiel, wie die Fürsten es anfiengen, sich bei dem Kaiser beliebt zu machen, um zu den Regierungs-Geschäften hinzugezogen zu werden.

Deutschland Bardo (stirbt am 11. Juni 1051), dann Liutpold von Mainz. Der italienische Erzkanzler war der Erzbischof Hermann von Köln (stirbt am 14. Februar 1056), der burgundische Hugo von Besançon¹). Für den Mainzer Erzbischof stellte vom Jahre 1039 bis zum Juli 1040 ein Kanzler Dietrich die Urkunden aus, von da bis zum October 1042 der Kanzler Eberhard, dann Adalger²) bis zum 16. Juni 1044, dann finden wir wieder einen Kanzler Dietrich³), der doch wol derselbe ist wie der obengenannte, bis er im Anfang 1047 zum Bischofe von Constanz erhoben ward⁴), hierauf im Jahre 1047 den Kanzler Hartwig⁵), von da an die ganze übrige Regierungszeit Heinrich III. hindurch bis zu seinem Tode jenen Günther, den gewanten liebenswürdigen Mann, den entschiedenen Günstling nicht nur unseres Kaisers, sondern auch seiner Gemalin Agnes, der vom Jahre 1054 auch das Kanzleramt für Italien mit dem für Deutschland vereinigt hat⁶). Für den Erzbischof von Köln stellt in den Jahren 1040 bis 1045 der Bischof Kadalous von Naumburg die italienischen Urkunden aus⁷). Von 1045 bis 1047 finden wir einen Hunfred als italienischen Kanzler am Hofe des Kaisers, der 1047 auf den Stuhl von Ravenna befördert ward, darauf einen Heinrich, der später Humfred, auch im Erzbisthum Ravenna nachfolgte⁸), aber schon im Jahre 1048 einen Gotebald⁹), dann im Jahre 1049 wieder einen andern,

---

1) Doch kömmt es auch vor, dasz einmal der deutsche Erzkanzler eine Urkunde für Italien unterzeichnet. So vom 3. u. 8. September 1040, wo in der erstern Hermann von Köln, in der letztern Bardo von Mainz unterzeichnet ist. Vgl. Ughelli, Italia sacra V, S. 54 u. 55.

2) Er ward später Bischof von Worms.

3) Die Urkunde für St. Maximin vom 25. Juli 1044 (Beyer, mittelrh. Urkb. I, S. 574) unterzeichnet dann Eberhard noch einmal, die aber wol in dieser Form verdächtig ist.

4) Herm. Aug. 1047.

5) Er ward Bischof von Bamberg.

6) Später Nachfolger Hartwig's im Bisthum Bamberg.

7) Vgl. über ihn Wattenbach in Schmidt's Zeitschrift für Geschichtswissenschaft VII, S. 581 ff.

8) Vom 25. Novbr. 1045 bis 1048 Erst 1052 ward er Erzbischof von Ravenna.

9) Urk. vom 19. April 1048. Mon. Patr. hist. chart. I, S. 567, vom 21. Dec. dess. Jahres Mon. Patr. hist. chart. I, S. 569. Er ward Patriarch von Aquileja; Annal. Altah. 1049.

von dem wir nichts näheres wiszen, den Opizo [1]); dann unterzeichnet vom 17. Novbr. 1054 an der schon erwähnte Günther auch für Italien. Für Burgund ist in zwei uns überlieferten Actenstücken Erzbischof Hugo von Besançon allein als Aussteller genannt und unterzeichnet, während einmal auch ein Kanzler Hugo für den Erzkanzler unterschreibt [2]). Es ist bekannt, wie das Erzkanzleramt für Burgund, nachdem es zeitweilig auch die Erzbischöfe von Vienne bekleidet haben, seit dem Ende des dreizehnten Jahrhunderts definitiv auf den Erzbischof von Trier übergegangen ist.

Ueberall bei ihren steten Wanderungen konnten unsere Könige auf die kleinsten Kreise des Staates einwirken; stets folgte ihnen ihre Hofbedienung, ihre Kanzler und ihre Kapelle. Da galt es in die Angelegenheiten aller Stämme einzugreifen, den Herzögen schien Heinrich III. immer nicht zu trauen — bald war er an deutschen Grenzen und schlichtete Streitigkeiten der östlichen Nachbarvasallen, bald an den westlichen und nördlichen Grenzen, hielt Zusammenkünfte mit den Königen von Frankreich und Dänemark, oder Convente mit den burgundischen Groszen, empfieng im Süden des Reiches treulose Italiener. Jeder Stamm ist so durch den König an die Entwickelung der Verhältnisse seines Nachbarreiches geknüpft. Schwaben an Italien und Burgund. Zürich ist dort seit Alters die Stadt der italienischen Convente, Solothurn oder Straszburg der burgundischen. In Sachsen, in Merseburg oder Altstadt empfängt er die Fürsten der slavischen Lehnsreiche, Baiern vertritt die Interressen des Reiches Ungarn gegenüber.

---

[1]) Schon auf der Synode zu Mainz, Decbr. 1049, Dronke cod. dipl. Fuldens. S. 362: Winithere cancellarius Germanicus, Opizo cancellarius Italicus. Wir finden ihn dann wieder am 9. Juli 1052: Moriondi, mon. aquensia I, S. 32. Doch wol wahrscheinlich auf ihn sind auch die in den Urk. vom 12. Februar 1054 (Muratori, antiquit. Ital. VI, 331) und vom 17. Febr. dess. Jahres (a. a. O. III, S. 75) verstümmelten Namen: Nerviso vice Orchilli und der Hecilo cancellarius zu beziehen.

[2]) Urk. vom 11. Juli 1049, Dunod, I, S. 39: Hugo Burgundionum archicancellarius recognovi. Ebenso vom 4. Dec. 1049, Würdtwein, nova subsidia diplom. VI, S. 207, Urk. von 1053 ohne Datum (Böhmer regesta chronol. dipl. Nro. 1647): Hugo vice Hugonis recognovi.

Welches Leben am Hofe des Kaisers herrschte, was man sprach und that, es ist heute unmöglich auch nur ein annäherndes Bild davon zu entwerfen. Wenn der König Hochzeit hält, umgeben ihn alle Fürsten des Reiches, geistliche wie weltliche, von den Herzögen herab bis auf die Magnaten ohne Reichsamt [1]). Dann wie an den hohen Festtagen [2]) geht der König im vollen Krönungsornate einher, mit dem Königsmantel, das Schwert an der Seite, das Scepter in der Hand, die Krone auf dem Haupte. Da kommen wol Bänkelsänger, Gaukler und Jongleurs und dergleichen Leute leichter Art und wollen am Hofe ihre Kunstfertigkeiten zeigen. Vom frommen Kaiser Heinrich III. ist bekannt, dasz er sie nicht in seiner Nähe duldete und unbeschenckt von dannen ziehen liesz [3]). Geistliche, Bischöfe und Aebte sitzen da und sprechen über die Verderbnis der Zeiten, das Nachlaszen des Friedens, das gewöhnliche Gesprächsthema der frommen Gottesmänner der damaligen Zeit. Ihnen strömt wol einmal eine Menge Volkes zu, der sie ihren Segen erteilen [4]).

Dann und wann wird der König auch eingeladen, bei der Einweihung einer neuen Kirche zugegen zu sein [5]), oder es werden in seiner Gegenwart unter groszen Feierlichkeiten neu eingesetzte Bischöfe consecriert [6]). Er hebt zu Zeiten die Gebeine eines Heiligen und läszt sie nach einem Lieblingsorte transferiren, nach Goslar oder nach Speier [7]). Die Gebeine seines Vaters trägt der König auf eignen Schultern, von Stadt zu Stadt, von Kirche zu Kirche, von Utrecht bis zum Dome

---

1) Annal. Altah. 1043.
2) Vorzüglich an solchen Tagen, Ostern, Weihnachten und fast zu allen jährlich wieder kehrenden Festtagen (Herm. Aug. 1048, 1050 und oft) war er von Fürsten umgeben.
3) Herm. Aug. 1043.
4) Othlon, visiones 15.
5) Annal. Saxo 1012.
6) Annal. Saxo a. a. O. Adam Brem III, c. 1.
7) Gesta epp. Camerac. III, c. 56, Jocundus, Translatio St. Servatii c. 51: cum eo totius regni primates, auch französische, burgundische und italienische Bischöfe, sowie griechische Gesante werden erwähnt. Herm Aug. 1047.

nach Speyer [1]). Dem Begräbnisse seiner Mutter Gisela folg Heinrich und mit ihm viele Fürsten des Reiches eben dahin [2]). Arme und Unterthanen sollten stets Zutritt zum Könige haben; wie er bei seiner Krönung versprechen muste, hatte er das Recht der Wittwen und Waisen zu schützen und zu schirmen. Auf dem Wege zum Dome, um sich die Krone auf's Haupt setzen zu laszen, liesz sich Konrad II. nicht hindern, einem Mainzer Bauern, einer Wittwe und einer Waise Recht zu sprechen, wenn auch die Fürsten murrten, dasz er in dieser Weise den feierlichen Zug aufhielt. Freilich gelangten dann die armen Unterthanen der Fürsten doch nicht so oft zum Könige, gab dieser ihnen nicht so leicht Gehör, wie die Geistlichkeit der damaligen Zeit es wünschen mochte. Von Geschäften überhäuft, während er die Angelegenheiten der Groszen ordnete, liesz er jene warten und stehen, oft drangen sie gar nicht zum Könige vor, und unserem Heinrich III. ward gerade daraus am Ende seines Lebens von einem Zeitgenoszen schwerer Vorwurf erhoben [3]).

Aber alles was man vom Könige, was der König von den Fürsten verlangte, was das Recht beider war, das Verhältnis des Königs zu den Unterthanen, überhaupt alles was die Reichsregierung angieng und betraf, war nicht in geschriebenen Acten und Gesetzen niedergelegt; die Behandlung der Geschäfte war durchaus formlos, richtete sich nach momentanen Bedürfnissen und Forderungen: was vorlag, wurde erledigt oder nicht erledigt [4]). Die

---

[1] Wipo c. 39.
[2] Annal. Altah. 1043.
[3] Othlon a. a. O. Ein ergreifendes Beispiel, wie schwer es den Unterthanen hielt, an den König zu gelangen, geben die acta fundat. Murens. monast. (Herrgott I, 324.): Rex venit ad castrum Soloduri, venientesque illuc iidem rustici (die aus freien Bauern von einem Schutzherrn zu Grundhörigen herabgedrückt waren), vociferari coeperunt de iniqua sua oppressione, sed in tanta principum multitudine et propter ipsorum quoque stolida verba non pervenit clamor corum ad Regem. Et cum male illuc venerunt, peius inde redierunt.
[4] Hierher gehören diejenigen Convente, die weder zu den Reichsversammlungen noch zu den Provinziallandtagen gehörten, wie Fürstengerichte (vgl. über diese unten Abschn. IX), Bischofswahlen und Papstwahlen, wozu Geistliche, Bischöfe und Canzler hinzugezogen zu sein scheinen. Ueber die letzteren 1) die Wahl Poppo's von Brixen als Damasus II. Lamb.

Aufgabe des deutschen Königthums war so viel schwieriger, den Fürsten und den dem Königthume entgegenarbeitenden und wirkenden Elementen es leichter gemacht, sich zu befestigen, jenem die Stellung zu erschweren und dasselbe zu schwächen.

Immerhin war die Thätigkeit des deutschen Königs eine nicht leichte, mit Lasten und Nöten viel beladene. Da waren Kriege, die sie persönlich führten, mit benachbarten Reichen, da waren rebellische Vasallen im Innern niederzuwerfen, Raubnester zu zerstören und der Landfrieden zu schirmen, daneben die laufenden Reichsgeschäfte, Bestätigung von Privilegien zu besorgen, geistliche Aemter neu zu besetzen. Heinrich III. sorgte zu dem auch für die nötige Zucht in den Klöstern und setzte auch wol einmal einen unnützen Abt ab²). Dann die unglücklichen Römerzüge. Wir können uns nicht wundern, — ohne unsere jetzigen Körperconstitutionen mit denen des elften Jahrhunderts vergleichen zu wollen, — wenn Heinrich III., als 22jähriger junger Mann auf den Thron gelangt, in all' der aufreibenden Tätigkeit, die ihm die weiten groszen Reiche, die Kriege und die formlose Reichsregierung schufen, während siebzehnjähriger Regierung zweimal schwer erkrankt, dasz man an seinem Aufkommen zweifelt³), und niedergebeugt durch alle am Ende seines Lebens auf ihn einstürmenden Schicksals - und Unglücksschläge als noch nicht neununddreisigjähriger Mann zu früh für das Reich in das Grab sinkt.

Hersf. 1048 und Anselm, gesta epp. Leod. c. 65: et quoniam condictum erat, hanc electionem apostolici pontificis in natale dominico futuram, Wazo responsalem suum illo transmisit. 2) Leo IX. Wahl 1. Octbr. 1049 zu Worms. Wibert, vita Leonis II, c. 1: Factus est non modicus conventus procerumque reliquorum conventus. 3) Wahl Victor II. in Mainz am 17. Novbr. 1055: Conventus ab imperatore Maguntiae factus est ab episcopis. Wie es bei den Bischofswahlen herging, zeigt die vita Conradi episcopi Salisburg (M. G. Scr. XI. S. 65). Genau so wird uns geschildert die Wahl Lietberts von Cembray (Gesta Lietberti c. 3.), die Wahl Wazo's von Lüttich, Anselm, gesta epp. Leod. c. 50 und öfter. Es wird darüber in der Fortsetzung dieser Abhandlung gehandelt werden.

²) Annal. Corbei. 1046. Vgl. vita Theoderici abbatis Andag. c. 16.
³) Herm. Aug. 1045 u. 1047.

VIII

Beruhte das Kaiserthum Heinrich III. auf der innigsten Verbindung mit der Kirche, so war dasselbe nicht weniger mit dem deutschen Königthume und Kaiserthume überhaupt der Fall. Nicht nur bestand die Kanzlei aus Geistlichen, nicht nur nahmen die deutschen Bischöfe und Reichsäbte an den allgemeinen Reichsversammlungen und Provinciallandtagen der deutschen Könige und Kaiser Teil, überhaupt an allen weltlichen Reichsangelegenheiten — mit der Kirche wirkte der König auch allein für Aufrechterhaltung der Kirchengesetze und kirchlichen Institutionen. Heinrich III. hat durch die Reform des Papstthums die ganze Kirche des Abendlandes in den Bereich seiner Pflichten und Rechte hineingezogen. Die Synoden, welche er zu eben dem Zwecke vor seiner Kaiserkrönung mit den Geistlichen aus allen den unter seiner Krone vereinigten Reichen abgehalten hat [1]), sind eben wegen der abendländischen Stellung Roms und des Papstthums maszgebend für die Entwickelung der ganzen europäischen Gesellschaft gewesen. Aber auch auf Nationalsynoden wurden vielfach deutsch-kirchliche Verhältnisse, Streitigkeiten der Geistlichen unter sich zum Gegenstande von Discussionen gemacht, wurden der Stand der Kirche, Rechtsstörungen, unrechtmäszige Ehen wegen zu naher Verwantschaft unter den weltlichen Groszen und die dagegen zu ergreifenden Maszregeln und anders besprochen. Konrad II. vorzüglich, den keine solche ideale Anschauung des Kaiserthums bezeichnete, wie Heinrich III, berief gerade Nationalsynoden oft durch den Primas von Deutschland, den Erzbischof von Mainz [2]), und meistens in den

---

[1]) Es waren die Synoden von Parvia, Sutri und Rom. Von der ersteren heiszt es Ughelli, Italia sacra V, S. 760: Anno d. incarnationis 1046. indict. 15. octavo kal. Nov. regnante domino nostro invictissimo rege Henriso III. praecepto eiusdem gloriosi regis congregata est Papiae generalis synodus, cumque multae res in eodem synodo iuste atque rationabiliter in eiusdem gloriosi regis praesentia, archiepiscoporum illius et episcoporum pertractarentur...

[2]) Er galt als Stellvertreter des Papstes in Deutschland, weshalb z. B. 1075 Libentius von Bremen nicht zugeben wollte, dass die Legaten Gregor VII. das Recht hätten in Deutschland eine Kirchenversammlung zu halten. Regist. Gregor. VII. Liber II, ep. 28.

Diensten und zu den Zwecken des Königthums. Sehr oft griff er selbst in die Versammlungen ein, verbot der Synode geradezu, über etwas zu berathen, das ihm misliebig war. Die 1027 zu Frankfurt in seinem Beisein abgehaltene Synode muste seinen Bruder Gebhard, dessen wilden Sinn er fürchtete, zwingen, die Tonsur zu nehmen, weil er einst als Knabe dem Kloster, welchem er übergeben, entflohen sei, eine andere Synode muste seinen Stiefsohn Ernst von Schwaben excommunicieren [1]. Von der ersteren wiszen ganz genau, wie es dort herging [2]. Im Dome zu Frankfurt kamen die geistlichen deutschen Würdenträger zusammen; zuerst ward ihr Sitz bestimmt, ein wichtiger Act, über den auch auf den päpstlichen Synoden in Italien oft die ärgerlichsten Zwistigkeiten ausbrachen. Aribo von Mainz hatte als deutscher Primas den Ehrenplatz mit seinen Suffraganen; er sasz über den Stufen des Hauptaltars, zu seiner Rechten die Bischöfe von Straszburg, Bamberg, Würzburg, Hildesheim und Worms, zur Linken die von Augsburg, Paderborn und Halberstadt. Auf einem erhöhten Throne Aribo gegenüber auf der Abendseite des Chors sasz der Kaiser, zu seinen Füszen sein Schwertträger, der Herzog Adalbero von Kärnthen. Ihm zur Rechten hatte der Kölner Erzbischof seinen Platz und dessen Suffragane, die Bischöfe von Münden, Münster, Utrecht, zu seiner Linken waren die Sitze für den Erzbischof von Magdeburg, die Bischöfe von Naumburg, Merseburg, Brandenburg und Meissen; auf der Südseite des Chors saszen die Bischöfe von Verdun, von Mantua(?), von Aldenburg und Schleswig, deren Metropolitane nicht erschienen waren. Ihnen gegenüber die Aebte, an deren Spitze die von Fulda und Hersfeld. So bildete die Versammlung ein Viereck, in dessen Mitte Plätze waren für die Mönche, die Kapelläne des Königs und der Bischöfe. Andere standen hinter den Sitzen ihrer Herrn. Auszer Adalbero von Kärnthen war kein Laie anwesend. Erst am Abend ward auch ihnen die Erlaubnis gegeben, als Zuhörer Teil zu nehmen. So war die Synode gruppirt. Bevor sie eröffnet, ward ein

---

[1] Wipo c. 25.
[2] Wolfher, vita Godehardi c. 31 u. 32, wo der Verlauf der Verhandlungen nachzusehen ist.

Gottesdienst abgehalten. Ein feierliches Stillschweigen lag dann über der Versammlung, als sie von Aribo von Mainz gebannt, durch den Bann desselben für eröffnet erklärt ward ¹). — Unter Heinrich III. sind zwei solcher Synoden in Deutschland abgehalten worden, die eine zu Constanz im Jahre 1043 ²), die andere zu Mainz im Jahre 1049. Als Folge der ersteren erscheint es, wenn der fromme König, anstatt nachher strenges Gericht über die Friedensstörer zu halten, Majestätsverbrecher zu strafen, diesen groszmüthig verzieh und gleiches von den schwäbischen Groszen verlangte. Frieden war der Ruf der Kirche, noch war es Gottlob nicht nothwendig geworden im deutschen Reiche, dasz die Geistlichkeit dem Königthume vorgriff und ganze Gegenden mit Bann und Interdict belegte — wie es schon früher und zu gleicher Zeit in Burgund und Frankreich oft geschehen ist — und so für die Verbrechen einzelner die Gesammtheit der Gesellschaft verantwortlich machte. An der Synode zu Mainz nahmen auch italienische und burgundische Geistliche Teil. Papst Leo praesidierte ihr im Beisein des Kaisers. Die Verhandlungen derselben betrafen die von Heinrich III. begonnene und vorzüglich von Leo IX. fortgesetzte Reform der Kirche, Maszregeln gegen die Simonie, Haeresie und die Ehen der Geistlichen. Ebenfalls wurden Streitigkeiten zwischen Fulda und Würzburg entschieden ³). Zugleich war mit derselben eine allgemeine Reichsversammlung verbunden zur Besiegelung der von Heinrich III. angeknüpften engen Verbindung zwischen Rom und dem deutschen Reiche ⁴).

Wie alles, was die Reichsregierung anbetraf, so war auch hieran bestimmt, was in die Competenz dieser allgemeinen Nationalsynoden gehörten. Die Canones wusten freilich, dasz solche nicht ohne dringendes Bedürfnis berufen werden sollten. Aber die gewaltigen Persönlichkeiten unserer Kaiser, die jedesmalige

---

¹) Wolfher a. a. O.: Aribonis archiepiscopi banno canonice confirmatur.
²) Herm. Aug. 1043. Annal. Sangall. 1043.
³) Jaffé, reg. pont. Rom. Nr. 3187. Adam Brem. IV, 29.
⁴) Herm. Aug. 1049: Leo IX. Moguntiam veniens synodum 40 prope episcoporum coram imperatore et regni nostri principibus celebravit. Vgl Dronke, Codex dipl. Fuld. S. 362.

Individualität derselben war auch hier das bestimmende, so lange noch nicht der Gewiszens- und Glaubenskampf angeregt war, wie er unter Heinrich IV. in hellen Flammen ausbrach.

IX.

An Ebenbürtigkeit standen die Fürsten des Reiches dem deutschen Könige und Kaiser gleich, dieser vermälte sich oft die Töchter jener, jene konnten sich die Töchter dieses verbinden. Er war das Haupt des Reiches, das sie durch Wahl demselben gegeben hatten. Rechtsstreitigkeiten und Fehden der Fürsten unter einander wie Vergehen derselben gegen den König kamen vor des Königs Gericht. Ueberall im deutschen Reiche war anerkannt, dasz jedermann nur vor dem Gerichte seiner Genoszen das Urteil finden konnte und derselbe Grundsatz galt auch von den Fürsten. Wie das Fürstengericht vom Könige besetzt werden sollte, auch darüber gab es keine bestimmte Satzungen. Der König zog nach Belieben die Fürsten hinzu, welche Richter und Beisitzer des Hofgerichts sein sollten, wie es bei der Verurteilung Adalberts von Kärnthen [1]), Gotfrieds von Lothringen [2]) und Konrads von Baiern geschehen ist [3]), und es verstand sich von selbst, dasz bei solchen Verurteilungen der vorhergefaszte Entschlusz und Wille des Königs gröstesteils die Entscheidung des Gerichts bestimmte [4]). Andere gerichtliche Streitigkeiten kamen an besonders für die streitenden Parteien dazu angesetzten Tagen vor dem Könige zur Sprache [5]), oder wurden auf Reichs- und Provincialtagen beigelegt, wie auch solche zwischen den geistlichen Fürsten auf Synoden entschieden sind. Die Provincial-

---

1) Vgl. über diese den bei Giesebrecht D. K. II, S. 677 abgedruckten Brief.
2) Annal. Altah. 1048.
3) Herm. Aug. 1053. Annal. Altah. z. d. J. Ostern Merseburg: illuc evocavit (Gebhart von Regensburg und Konrad von Baiern) ad generale colloquium, pluresque principes regni, quorum iudicio dux ducatu est depositus.
4) Vgl. bes. das von Conrad II. mitgeteilte Verfahren gegen Adalbert von Kärnthen.
5) Vgl. den Schiedsspruch Heinrich III. vom 17. Juli 1051 (Lacomblet I, S. 114) über Braunweiler, und Franklin, über das königliche Hofgericht unter den sächsischen und fränkischen Kaisern in den Forschungen z. d. G. Bd. IV, Heft 3, S. 506.

tage ¹) vorzüglich dienten dazu, Fehden und Feindschaften der Fürsten zum Austrage zu bringen. Wie solche geschlichtet wurden, zeigen interessante Fälle aus Heinrich II. Zeit ²). Auf ähnliche Weise wird Heinrich III. in die Fehden der deutschen Fürsten und Groszen eingegriffen haben ³). ∫ Gewis zeugt es von der Macht des Königthums, wenn Heinrich III. durch jenen einen so rein kirchlichen Charakter an sich tragenden Act vom Jahre 1043 nicht nur die schwäbischen, sondern auch die Groszen anderer Stämme zu veranlaszen im Stande war, ihre Fehden und Feindseligkeiten niederzulegen und so für mehrere Jahre einen seit langer Zeit unerhörten Frieden zu schaffen ⁴) In Ita-

---

¹) Die italienischen Landtage waren immer zugleich Gerichtstage. Vgl. Lupus, Cod. diplom. Berg. II, 642, vom Landtage zu Zürich im Febr. 1054: Dum in Dei nomine in loco Turegum in palatio Domini Henrici III. in iudicio residebat ipse dominus imperator ad iustitias faciendas et deliberandas, adessent cum eo... Ebendas. 643 vom Landtage auf den roncalischen Feldern: Dum in Dei nomine in loco Roncalia in iudicio residebat ad justitiam faciendam et deliberandam. Vgl. Arnulf Mediol. III, c. 6: illo tempore placitatur imperator in pratis Runcaliis. Discussis vera querelis pluribus, legaliter multa examinat. Ein interessantes Beispiel solcher italienischen auf einem Landtage geordneten Streitigkeiten giebt Mitarelli, Annal. Camaldulenses II, S. 88, dessen Echtheit freilich zu bezweifeln ist, es werden 568 Senioren genannt. Ein solcher Landtag hiesz placitum. Vgl. Annal. Sax. 1040: Altstide placitum habuit.

2) Thietmar VII, 35: Fit publicus principum in Altstide conventus inter marchionem Bernhardum et patrui meimet filios litigium cum emendatione sibi accepta et iuramento pacificatum est; inter Thiedricum antistitem et Herimannum inimicitiae diu exortae et odium quod erat inter Eggihardum et confratres, Udonis filios seniores, usque in tercias Octobris Kalendas ab imperatore sedatum est. Ibi etiam promisit Geroni episcopo Bernhardus marchio 500 talenta pro damni recompensatione illati. Fit pax inter Gerhardum et Wilihelmum comitum. Vgl. damit Adalbold c. 42: Sic loco, qui Turegum dicitur, rex colloquium tenuit omnesque pro pace tuenda, pro latrociniis non consentiendis a minimo usque ad maximum iurare compulit. Vgl. mit dieser Stelle das im Excurse über die Landfriedensbestimmungen gesagte.

3) So wenigstens Conrad II. und Heinrich III. auf dem Convente burgundischer Groszen zu Solothurn. Wipo c. 38: Et convocatis cunctis principibus regni generale colloquium habuit cum iis et diu desuetam et pene deletam legem tunc primum Burgundiam praelibare fecerat. Die Burgunder musten sich mit ihren Fehden eben dem königlichen Austrägalgerichte fügen.

4) Arnulf Mediol. II, c. 19: Veniunt ab Augusto legati treguam

lien ward derselbe von seinem Kanzler und Missus Adalger verkündigt. Durch Eid musten sich die mailändischen Groszen verpflichten, ihre Feindseligkeiten ruhen zu laszen. /Der Eid ward schon unter Heinrich II, nicht nur bei solchen Angelegenheiten, sondern auch um die Fürsten zu andern Pflichten gegen das Königthum anzuhalten, immer mehr [1]), noch mehr aber zu Heinrich IV. Zeit als Bindemittel angewant. Aber nicht nur die Fürsten wurden vor des Königs Hofgericht gezogen, sondern auch andere freie und edle Männer zog Heinrich III. vor sein Schwert oder sein Gericht [2]), wenn sie sich Majestätsverbrechen oder Landfriedensbruch hatten zu Schulden kommen laszen, wie es besonders in den letzten Jahren seines Lebens geschehen ist. Confiscation ihrer Lehen und Güter, Acht und Verbannung waren durch das Hofgericht oft ausgesprochene Strafen [3]). Unterthanen durften sich um Recht an den König wenden und Appellation gegen Gewalttätigkeiten der Fürsten und Beamten einlegen. Sie drangen aber schwer und selten zum Könige durch [4]), und ich habe schon oben erzählt, wie gerade Heinrich III. ein schwerer Vorwurf gemacht ward, dasz er armen Leuten oft keinen Zutritt gelaszen, und sie mit zornigen Worten von sich gewiesen habe. Dasz auch niedere Cleriker sich oft an

---

inviolabilem indicentes, quam totius regni virtute et conscilio iure iurando confirmant. Vgl. Annal. August. 1044: Magnamque in regno suo pacificationem fecit. Vgl. Herm. Aug. 1043.

[1]) Wipo c. 9: principes Saxoniae ut unanimiter resisterent paganis sacramento et imperiali iussione constrinxit. Es wäre eine dankenswerte Aufgabe zu untersuchen, wie unter Heinrich IV. Regierung, als das Königthum die Ordnung aufrecht zu erhalten nicht mehr genügte, der Eid eine so hervorragende Bedeutung und welche? er gewonnen hat.

[2]) Herm. Aug. 1054: Rex per Alemanniam transiens et furibus infestus nonnulla eorum conventicula exuri iussit. Vgl. die Urk. Heinrich III. vom 10. Juli 1054.

[3]) Aus der unter voriger Anmerkung angeführten Urkunde erfahren wir, dasz ein Geächteter elos oder exlex hiesz. Vgl. Urk. vom 10. Dec. 1055: schenkt Passau: tale praedium quale Richwinus habuit, cum in palatino placito reus maiestatis inventus communi omnium iudicio capitali sententia est damnatus. Es sind dazu die in Böhmer's Regesten leicht aufzufindenden Confiscationsurkunden nachzusehen. Ueber Majestätsverbrechen vgl. das von Heinrich III. erlaszene Gesetz M. G. legg. II, 42.

[4]) Vgl. die oben S. 56 Anm. 3 mitgetheilte Stelle aus den acta fund. monast. Murens. bei Herrgott I, S. 324.

den König gewant haben müszen, geht daraus hervor, dasz ein Verbot in die Decretalien Burchards von Worms aufgenommen ist, wornach keiner, der durch geistliches Gericht verurteilt und seines Amtes entsetzt sei, an den König appelliren sollte.

Vergehen der Fürsten gegen kirchliche Gebote gehörten der Kirche an. Heinrich III. hat in einem solchen Falle der kirchlichen Verurteilung und dem kirchlichen Fluche auch die Verurteilung des Hofgerichts und' Acht und andere weltliche Strafen folgen laszen [1]). Es ist dasselbe, wenn er in seiner Eigenschaft als Wahrer und Schützer des römischen Glaubens des Manichaeismus angeklagte Ketzer dem Galgen übergeben liesz [2]). Aber auch umgekehrt kam es vor, dasz das Königthum zur Bestrafung rebellischer Fürsten die Kirche in seine Dienste zog, wie Konrad II. seinen Stiefsohn Ernst von Schwaben durch die deutschen Bischöfe excommuniciren [3]), Heinrich III. den Bann über die rebellischen Fürsten Gotfried von Lothringen und Balduin von Flandern durch Leo IX. aussprechen liesz [4]).

Heinrich III. hat wegen kirchlicher Vergehen im Jahre 1046 den Erzbizchof Widger von Ravenna vor sein Hofgericht geladen, er hatte 2 Jahre auf dem erzbischöflichen Stuhle gesesczen, ohne sich vom Papste consecriren zu laszen. — Damals ward es von dem gelehrten Wazo von Lüttich ausgesprochen, dasz eine Entscheidung über solche Dinge — es kam hinzu, dasz derselbe italienischer Bischof war — dem Papste oder italienischen Bischöfen zukäme, aber zugleich auch, dasz alle geistlichen Fürsten für alles weltliche unbedingt dem Kaiser verantworlich seien [5]).

Gebhart von Regensburg ward so von Heinrich III. gefangen genommen und längere Zeit gehalten, ohne dasz wir von einer vorangegangenen Verurteilung durch ein Hofgericht hören [6])

---

1) Urk. vom 10. Dezbr. 1055: antea autem ille infelix Otto (marchio) Deo et sanctae ecclesiae pro incesto ad obedientiam inobediens iuxta quod apostolus instituit, traditus est Satanae in interitum carnis. Et ob hoc secundum legem Bavariorum in nostro colloquio diffinitum est, omnia ad fiscum patriae pertinere, quae idem Otto potuit habere.
2) Herm. Aug. 1052. Lamb. Hersf. 1053. Anselm, gesta epp. Leod. c. 24.
3) Wipo c. 25. Vgl. Annal. Hildesh. 1038.
4) Herm. Aug. 1049. Lamb. Hersf. 1050.
5) Vgl. Anselm, gesta epp. Leod. c. 58.
6) Annal. Altah. 1056. Chronicon Wirciburg. 1056.

und auch der alte Wazo von Lüttich selbst muste es sich einmal gefallen laszen von .dem Könige zu einer Geldstrafe verurteilt zu werden¹). Er war von Heinrich zum Kriegszuge gegen Theoderich von Holland entboten worden. Der Zug und der Weg zum Heere des Kaisers habe zu viel Schwierigkeiten geboten und sei in drei Tagemärschen, die er habe zurück-legen müszen um zum Sammelplatze des Heeres zu gelangen, nicht zu überwinden gewesen, deshalb sei er nicht erschienen, erzählt uns sein Biograph. So ward er vom Kaiser zu einem Colloquium geladen und des Ungehorsams gegen den königlichen Befehl angeklagt. Er will sich gegen die Anklage rechtfertigen, aber da schreien ihm seine Feinde entgegen, auf der andern Seite seine Freunde, Bischöfe die ihm freundschaftlichen Rath zurufen, alle aber, dasz er keine Entschuldigung vorbringen solle. Unter dem allen sinkt dem alten Wazo der Muth, er wagt es nicht dem Kaiser zu widerstreben und beugt seine Knie vor seinem Herrn und Gebieter und wird zu einer Busze von 300 Pfund Silber verurteilt. Heinrich III. schenkte ihm später seine Gnade wieder und ebenso die Strafsumme, aber sehr oft noch im späteren Leben, prahlt der Biograf Wazo's, habe er geäuszert, es gereue ihn Zeit seines Lebens, dasz er sich nicht bis aufs Blut gegen die Strafe gesträubt habe. Dabei preist er frohlockend, wie Wazo auf demselben Convente sich nicht gescheut habe, dem Kaiser gegenüber seine priester-liche Autorität zu wahren. Der alte vom Podagra beschwerte Bischof hatte stehend den Verhandlungen des Conventes bei-wohnen müszen. Endlich als ihm des Geschrei's und Geräusch's zu viel ward, habe er dem Kaiser gesagt: „Erlaube Deine Majestät mir, dem alten gebrechlichen Wazo, einen Sitz; denn wenn der alte runzliche Wazo dieser Ehre auch unwert ist, so ziemt es sich dennoch nicht, einen mit dem heiligen Oele ge-salbten Priester unter der Menge zu ermüden.„ Da habe der Kaiser erwiedert: „Auch ich bin mit dem heiligen Oele gesalbt und habe damit die Macht erhalten, vor den übrigen zu herr-schen." „Bei weitem", habe Wazo im heiligen Eifer der Wahr-heit geantwortet, ist deine Salbung von der meinigen verschie-den; denn wir haben durch die Salbung von Gott die Macht

---

¹) Gesta epp. Leod. c. 66.

erhalten, lebendig zu machen, ihr zu töten, und, wie das Leben dem Tode vorgeht, so meine Salbung der deinigen.„ Das wird als eine grosze That gepriesen; in welcher Höhe muste der deutsche Kaiser damals noch den Mönchen seiner Zeit, die Geschichte schrieben, erscheinen![1]

X.

Auch die Einnahmen des deutschen Königthums waren nicht durch Gesetze bestimmt. Diese floszen demselben zuerst aus den dem deutschen Reiche unterworfenen Landen zu. Böhmen zahlte, wie schon oben gesagt, 500 Pfd. Silber und 150 Kühe jährlich. Ehrengeschenke und Tribut brachten dem Könige auch die übrigen slavischen Fürsten. Tribut zahlten die Elbeslaven. Aus Italien und der Lombardei floszen dem Königthume unter Otto III. jährlich 1200 Pfund Goldes zu[2]: ebenso viel werden die Einnahmen unter den Saliern betragen haben. Wir wiszen zudem, dasz auch die Fürsten Unteritaliens Heinrich III. jährlich einmal Geschenke über die Alpen zum deutschen Könige schickten. Solche brachten auch die burgundischen Fürsten demselben. — Aus Italien kamen die Einnahmen dem deutschen Königthume aus den Regalien[3], die im Ertrage der Landstraszen, Flüsze und Canäle, Ehrengeschenken der Freien, Schiffsbauten, Häfen und Werften, Uferzins und Zöllen und dem bestanden, was den Königen aus dem ihnen zustehenden Münzrechte zufiel. Dasz diese Einnahmen nie catastriert, nie in Gesetzen niedergelegt und bestimmt, festgesetzt und geregelt

---

[1] Dönniges ist es, der S. 385 seines Staatsrechts die Ansicht ausspricht, dasz auch gegen den König nach den Gesetzen der Pfalz Gericht und Urteil im Fürstengerichte schon jetzt habe gefunden werden können. Von Otto I. bis auf Heinrich III. ist davon kein Beispiel bekannt. Er hat vergeszen, dasz gerade in dieser Beziehung Heinrich IV. Regierung einen Wendepunkt in der deutschen Geschichte bilden muste. Franklin a. a. O. ist hierauf leider nicht eingegangen.

[2] Martyrium Arnoldi bei Böhmer fontes III, S. 825.

[3] Sie werden aufgeführt: M. G. legg. II, S. 311. Vgl. Annal. Quedlinb. 1014 von Heinrich II. Romae — ibi habens dies, publica re, ut patabat, bene disposita et immensa pecunia ubivis locorum congesta. Vgl. Annal. Altah. 1058.

wurden, hat es dann veranlaszt, dasz die Groszen in Italien von diesen königlichen Rechten so viel sich anmaszten und dem Königthume entwanten. Wir wiszen, wie im folgenden Jahrhundert der Kaiser Friedrich I. einst auf einem roncalischen Landtage die Italiener nötigte (Novbr. 1158) alle in frühern Zeiten der Kaiserkrone abhanden gekommene Regalien zurückzugeben, und dasz er damals die Einnahmen seines Fiscus um 30,000 Pfund Silber erhöhte, obgleich er vieles von dem aus Gnade an die zurückgegeben hatte, welche bis dahin im Genusze derselben standen [1]). Zu dem wurden seit den Ottonen viel von diesen königlichen Einkünften an geistliche und weltliche Fürsten verschenkt. Kam der deutsche König auf seinen Römerzügen nach Italien, so musten die italienischen Abteien, Bischöfe und weltliche Fürsten ihm und seinem königlichen Haushalte den Unterhalt gewähren [2]). Auch davon kamen schon früher vielfach Befreiungen vor [3]). Diese Abgabe ward Fodrum [4]) genannt. Dazu kamen die Buszen und Strafgelder, herrenloses Gut, das Vermögen der Hochverräther, die Erträgnisse der Fischereien und Salzwerke und anderes. Den Einwohnern des Thals Calve in der Lombardei gestattete Heinrich III. die Zollfreiheit für das von ihnen verführte Eisen, sie hatten jedoch jährlich dafür 1000 Pfund Eisen an den königlichen Hof Dervi abzuführen [5]). — In denselben Regalien bestanden die Einnahmen, welche dem Königthume aus Deutschland selbst zufloszen. Da gab es ganze Districte, die zinspflichtig waren [6]). Thüringen hatte vor Zeiten einen Zins an Schweinen zu zahlen gehabt,

---

1) Ragewin, de gestis Friderici I. II, c. 5.
2) Otto Frising. de gestis Friderici I. II, 12: Mos etiam antiquis, ut quotiescumque reges Italiam ingredi destinaverint, nuntios quoslibet de familiaribus suis praemittant, qui singulas civitates seu oppida peragrando ea quae ad fiscum regalem spectant, quae ab accolis fodrum dicuntur exquirant.
3) Vgl. Urk. vom 22. Juni 1045 (Margarin, bullarium Casin. II, 81), vom 2. Mai 1048 (ebendaselbst II, 82).
4) Waitz Vf. G. IV, S. 14.
5) Urk. vom 1. Mai 1047, Lupus Cod. dipl. Berg., II, 621.
6) So Churrhaetien, wovon jedoch der gröszte Teil an das Bisthum Chur geschenkt war.Vgl. Urk. Otto I von 989 (Böhmer reg. Nro. 2181) und Bestätigung derselben durch Heinrich III. bei Mohr Cod. dipl. ad hist. Rhaet. I, S. 127.

er war jetzt freilich abgekommen [1]). Häufige Confiscationen kamen namentlich unter Heinrich III. vor, aber groszmütig verschenkte er solche confiscierte Güter an kirchliche oder geistliche Stifter [2]). Dazu kamen letztweilige Verfügungen von Fürsten, die den König zum Erben ihres Hausgutes einsetzten, wie Ekkard von Meisen [3]), oder auch sonstige freiwillige Traditionen von Land- und Leuten an den König [4]). Wenn auch in Deutschland die Einnahmen leichter und beszer controliert und beaufsichtigt wurden, als im fernen Italien, so entgieng doch unendlich vieles auch hier dem Königthume, durch jene zahlosen Schenkungen, die sich durch die ganze Zeit der deutschen Monarchie erstreckten, bis es nichts mehr zu verschenken gab. Zoll- und Münzrecht hatten schon durchweg die meisten der geistlichen Fürsten erhalten, und auch an Grafen war es vielfach verliehen [5]). Aber auch das kam vor, dasz Fürsten sich königliches Hausgut anmaszten. 1027 war es nötig geworden, den Bestand des Reichsgutes in Baiern festzustellen, es geschah eben damals, als Konrad II. von Italien heimgekehrt seinen Sohn, unsern Heinrich, mit der Führung des bairischen Ducates betraute [6]). Aber doch müszen die Einkünfte des deutschen Königthums in unserer Zeit auch in Deutschland nicht unbedeutend gewesen sein. Eine Menge Domänen und Kammergüter lagen durch das ganze Reich zerstreut, eine Reihe von Pfalzen, wie Aachen, Nymwegen, Ingelheim, Goslar, Nürnberg und Frankfurt, und um diese herum weit ausgedehnte, unmittelbare Besitzungen, von denen die hörigen Bauern und Zinsleute an die königlichen Höfe in Geld oder Naturalien steuerten [7])

---

[1]) Annal. Saxo 1002. (M. G. SS. VI, S. 649).

[2]) Es sind darüber Böhmers Regesten anzusehen.

[3]) Herm. Aug. 1045. Vgl. Urk. vom 8. Juli 1049 bei Remling, Speiersches Urkb. S. 32.

[4]) Vgl. Urk. v. 27. Juli 1044, Lepsius Gesch. d. Bischöfe v. Naumburg S. 210, vom 18. August 1042, Lacomblet I, S. 110.

[5]) So von Heinrich III. an den Grafen Eberhart von Nellenburg, für dessen villa Schaffhausen. Vgl. Urk. vom 12. Juli 1045, bei Fickler zur Gesch. Alemanniens S. 12.

[6]) Meichelbeck, hist. Frising. I, S. 221.

[7]) Von dem allen erfahren wir nur durch Schenkungen der Könige an geistliche oder weltliche Herren. Vgl. z. B. Urk. vom 6. Juli 1046, Lacomblet I, 108.

auch in Thüringen werden solche erwähnt; sie wurden von besonders dazu eingesetzten Beamten verwaltet⁸). Noch zur Zeit Heinrichs VI. gab es im Herzogthum Franken 20, in Rheinfranken 21, in Baiern 22, in der Lombardei 28 Höfe, aus denen die Könige ihren Unterhalt bestreiten konnten ²). Aber von diesen unmittelbaren Besitzungen brauchte der deutsche König kaum zu leben; wo er sich aufhielt, zu seinen Pfalzen, pflegte die ganze Umgegend und die Fürsten derselben ihm den Unterhalt zu liefern, und es galt sogar für schimpflich und der königlichen Würde nicht angemessen, wenn er für eigenes Geld denselben sich kaufen und verschaffen muste, wie es Heinrich IV. einst ergieng ³). Auszerdem war der König im Rechte, wenn er auf seinen Wanderungen durch's deutsche Reich begriffen war, den Unterhalt von den Fürsten zu verlangen. Auf dem Wege nach Regensburg befahl einst Heinrich II. dem tollen und wilden Megingand von Eichstet ihm vollen und ganzen Unterhalt zu liefern ⁴). In seiner Weise weigerte sich dessen der Bischof, da er selbst nichts zu leben habe, aber den Zorn des Kaisers fürchtend, schickte er ihm bald kostbare Tuchballen zum Geschenk, indem er sich wieder in der ihm eigenttümlichen Weise entschuldigen liesz. Auch im Auftrage des Kaisers reisende Diener und Boten waren befugt und hatten das Recht überall im Reiche auf den Sitzen weltlicher und geistlicher Groszen einzukehren und Unterhalt zu verlangen ⁵).

Es mag ein wildes und reges Treiben in jenen Tagen auf den Fürstenburgen oder in den bischöflichen Palästen geherrscht haben, wenn der Kaiser auf Durchreisen oder auch eingeladen

---

1) Lamb. Hersf. 1063: villici, regalis fisci dispensatores.

2) Annal. Acquens. bei Böhmer, fontes III, 397 u. 398: Istae sunt curiae, quae pertinent ad mensam regis romani.

3) Lamb. Hersf. 1074: Rex natalem Domini Wormatiae celebravit, longe aliter victitans, quam regiam magnificentiam deceret. Nam neque ex fiscis regalibus quicquam servitii ei exhibebatur, neque episcopi aut abbates vel aliae pubblicae dignitates consueta ei obsequia praebebant, sed in sumtus quotidianos necessaria ei vili pretio coemebantur.

4) Anonym. Haser. c. 23: plena servitia. Diese waren sicher oft lästig, und die Sachsen beschweren sich vorzugsweise über diese unter Heinrich IV. Lamb. Hersf. 1073: Cur serviliter non servirent nec de reditibus suis fiscalia sibi obsequia impenderent.

5) Anonym. Haser. c. 20.

sie besuchte, in ihnen abstieg. Als Tradition des Hauses der Grafen von Ebersberg galt der Grundsatz, dasz man nie gegen den Kaiser sich empören, aber auch niemals seinen Hof auf die Stammburg einladen solle, da das den Ruin derselben herbeiführe [1]). Nach dem Tode des alten Grafen Udalrich, der oft über die Wirren seiner Zeit zu klagen pflegte, wurde Heinrich bekanntlich dennoch einmal nach Ebersberg eingeladen, es war auf seiner Ungarreise im Jahre 1045 [2]). Fast wäre er dort, als der Altan brach, auf dem er umgeben von seinem Gefolge sasz, um's Leben gekommen.

So war noch überall auf's reichlichste für's deutsche Königthum gesorgt, auch das an den bairischen Grenzen eroberte und gewonnene Land war unmittelbares Eigenthum des Königs. Aber treue Markgrafen und Kirchen, auch einzelne Ritter, die sich in jenen Kämpfen verdient gemacht hatten, wurden durch Verleihungen von Land- und Markgebieten zu Eigen reichlich und vielfach belohnt [3]). Es ward so am besten für Kolonisation daselbst und deutsche Kultur gesorgt.

Einen Begriff von der Einnahme des deutschen Königthums unter Heinrich III. vermögen wir uns zu machen, wenn wir die unter Otto I. damit zustammenstellen. Jeden Tag hatte Otto I. 1000 Schweine und Schafe, 10 Fuhren Wein und 10 Fuhren Bier, 1000 Malter Korn, 8 Ochsen, dazu Hühner, Ferkeln, Fische, Gänse, Gemüse und andere Gegenstände [4]). Freilich waren seit der Zeit dem Königthume durch Schenkungen eine Menge Güter abhanden gekommen. Aber dennoch giebt die Angabe einen ungefähren Werthmeszer für die Einnahmen Heinrichs III. an Naturalien, die er von seinen Domänen, Höfen und Gütern, auch wol aus dem Tribut unterworfener Lande bezog.

---

[1]) Chronic. Ebersbergense, bei Oefele, scriptor. II, S. 14.
[2]) Herm. Aug. 1045. Chron. Ebersb. a. a. O.
[3]) Vgl. die Urk. vom 7. März, 3. Juni, 15. Juli 1045 (M. Boic. XXIX, I, 81 u. 83. Boczeck, cod. Moraviae diplom. I, S. 128) und die vom 25. Octbr. u. 12. Novbr. 1051 (M. B. XXIX, 1,105. Hormayr, Gesch. von Wien Nr. 1). So war es schon zur Zeit der Karolinger gewesen. Waitz, Verfgesch. IV, S. 106.
[4]) Annalist. Saxo 968: Iste imperator singulis diebus habuit hujusmodi cibum, sicut scriptum invenitur.

Wie der König seinen Hofhalt, so hatte denselben auch die Königin, sie hatte ihr eigene Capelläne [1]), war mit der Abtei St. Maximin in Trier bewidmet — der Abt des Klosters hatte das Recht die Königin zu weihen und zu krönen, und wenn er an den Hof des Königs berufen ward, am königlichen Tische unter den Dienern und Vertrauten desselben gespeist zu werden [2]). Auszerdem aber hatte sie viele Höfe und Güter zum Leibgedinge bekommen [3]).

So immerhin von bedeutenden Einkünften unterstützt konnten Konrad II. und Heinrich III. jene bedeutenden Bauten zu Speier und Goslar unternehmen, das letztere, das unter unserm Könige zu einem bedeutenden Orte heranwuchs und bereits unter Heinrich IV. mit einer bewehrten und tapfern gewerbtätigen Bürgerschaft uns entgegentritt, die ihre Stadt dem Könige behauptet und den harten rebellischen Sachsen mannhaften Widerstand leistet [4]). — Aber auch die Ausgaben waren bedeutend. Die Gesanten fremder Völker — auch englische Gesante stellten sich wol am Hofe des Königs ein, welche die dänische Princeszin und die deutsche Königin Gunbilde mit Nachrichten über ihre fernen Verwanten unterhielten [5]), ebenso griechische [6]), die gewöhnlich mit reichen Geschenken vor dem Kaiser erschienen — ebenso wie die burgundischen und italienischen Groszen, wenn sie dem Kaiser Tribut und Ehrenge-

---

[1]) Diese waren: Gundechar (seit 1057 Bischof von Eichstet), Altmann (seit 1065 Bischof von Passau). Vgl. die vitae der betr. Männer.

[2]) Urkunde vom 25. Juli 1044. bei Beyer I, S. 375: constituentes, ut Poppo eiusdem loci Abbas suique successores praenominatae conjugi nostrae Agneti scilicet aliisque post illam reginis in regali curia semper serviant et obsequantur — constituimus, ut quotiescunque ad curiam regiam venerint sive vocati fuerint de regia pascantur mensa et inter curiales et domesticos regis ac reginae non infimi semper habeantur.

[3]) Vgl. Böhmer's Regesten Heinrich III. unter dem Jahre 1043 (also unmittelbar nach der Hochzeit) und dem Jahre 1046.

[4]) Adam Brem. III, c. 27: Henricus rex ingentibus regni divitiis utens in Saxonia Goslariam fundavit, quam de parvo, ut aiunt molendino vel tugurio formans venatorio, in tam magnam, sicut nunc videri potest, civitatem bono auspicio et celeriter perduxit.

[5]) Giesebrecht. d. K. II, Documenta Nr. 9, S. 679.

[6]) Jocundus, transl. Sti. Serv. praef. (M. G. XII, S. 90). Sie werden auf der Synode zu Mainz im Jahre 1049 erwähnt.

scheuke brachten, konnte man nicht wieder unbeschenkt von dannen ziehen laszen. Der Glanz des Hofes verschlang eine Menge Einkünfte, nicht weniger die Rüstungen zu den fortwährenden Kriegen und den Römerzügen. So kam es, dasz Heinrich III. gleich in den ersten Jahren seiner Regierung m Sommer 1044 eine Anleihe von 20 Pfund Gold und 200 Mark Silber von der Wormser Kirche hat aufnehmen müszen.

Ich habe das Königthum und Kaiserthum Heinrich III. geschildert. Noch glänzt beides in alter Hoheit und Macht. Aber durch den Glanz schimmert der Verfall. Nirgends finden wir scharf abgegränzte Rechte und Befugnisse, weder solche des Kaiserthums gegenüber dem Papstthume, noch des Königthumes den Fürsten gegenüber. Auf der mächtigen und gewaltigen Persönlichkeit des jedesmaligen Königs und Kaisers und seiner Auffaszung, auf dem Glanze und der Kraft mit welcher er das Königthum und das Kaiserthum zu lenken versteht, beruht mehr oder weniger das Ansehen, die Macht des deutschen Staates. Ich bin nicht der Ansicht, die ein namhafter deutscher [1]) Historiker ausgesprochen hat, die Aufgabe Heinrich III. sei es gewesen, wenn er seine Zeit richtig verstanden habe, durch Gesetz und Rechte einen Neubau des Reiches zu versuchen. Dazu war es bereits zu spät. Die Spanne Zeit, die Heinrich III. zu seiner Regierung gegeben, war zu kurz, als dasz ein solcher mit Erfolg hätte begonnen werden können, das Fürstenthum zu stark, als dasz dasselbe unter eines Knaben Heinrich IV. Regierung sich viel hätte um Gesetze und Rechte kümmern sollen. Ein Neubau des Reiches und damit auch der Seiten des Königthums und Kaiserthums, die ich im obigen geschildert habe, hätte bereits unter den Ottonen beginnen müszen. Aber das Kaiserthum von damals hat es nicht zu dem Gesichtspunkte eines beschränkteren Königthumes kommen laszen. Zu dem hat kein einziger deutscher König das wirth-

---

[1]) Giesebrecht d. K. II, S. 446 und 447.

schaftliche und gesetzgeberische Talent Karl des Groszen gehabt. Heinrich IV. Regierung bildet so den Wendepunkt in der deutschen Geschichte. Wie auch in den andern Kreisen des deutschen Staates, das wird eine Fortsetzung dieser Arbeit zu zeigen sich bemühen.

Excurs.

Aus meiner ganzen obigen Darstellung, vorzüglich aus dem, was ich über das königliche Hofgericht gesagt habe, wird sich bereits ergeben haben, dasz ich der Ansicht Giesebrecht's über die angeblichen Landfriedensbestimmungen in den einzelnen Stämmen nicht beizuflichten vermocht habe. Solche gab es auch unter der Regierung Heinrich III. noch nicht. Die Ansicht ist dadurch hervorgerufen worden, dasz die geistlichen Schriftsteller der damaligen Zeit bei jeder Gelegenheit den Ausdruck pax und pacis foedus und ähnliche gebrauchen. Vorzüglich Wipo liebt den Ausdruck, aber ich glaube nicht zu irren, wenn ich annehme, Wipo habe jene Ausdrücke mit Vorliebe so gewält, um sich — als Schmeichler dem Sinne Heinrich III. zu accommodieren, dessen Ideal ein Reich des Friedens war. Was lag ihm näher, als in einer Lebensbeschreibung Konrad II. besonders dessen Wirksamkeit für den Frieden so besonders hervorzuheben?

Es ist dann in der königlichen Gerechtigkeitspflege ein durchgreifender Unterschied zwischen Italien und Deutschland. Dort sitzt der König zu Gericht „ad iustitiam deliberandam et faciendam", in Deutschland „pacificandi causa". Der Italiener hat das dem Boden anhaftende feine Gefühl für Recht noch nicht verloren, rechtskundige Männer, die judices, sitzen dem Könige bei, das Stammesrecht ist viel mehr noch im Bewustsein der Italiener als der Deutschen. Der Deutsche hat nie das den Italiener bezeichnende Gefühl für die Entwickelung eines Rechtssystems gehabt. Ihm ist der Frieden die Hauptsache. Es bezeichnet den Mann, der die Welt gesehen hat, wenn Wipo gegen Heinrich III. den frommen Wunsch äuszert, für die Gerichte der Groszen sowie der Fürsten rechtskundige Männer herangebildet zu sehen, die den Gang des Rechtes wie in Italien die indices palatii bei den Gerichten bewachen und durch Rechtskenntnis schirmen sollten. Die Entwickelung eines deutschen Rechtes war seit Karl dem Groszen unterbrochen und das römische Recht und die Kenntnis desselben schlummerte noch; so ist jene Stelle im Tetralogus Vers 191 ff. eben nur ein frommer Wunsch, jedesfalls aber folgt nicht daraus, Wipo habe dabei an eine durch Heinrich III. vorzunehmende Aufzeichnung des deutschen Kaiserrechtes gedacht. (Giesebrecht, d. K. II, S. 447.)

In Deutschland galt inzwischen das Recht der einzelnen Stämme. Wir hören vom bairischen Rechte (vgl. Urk. vom 10. Decbr. 1055. M. B. XXIX, 1. S. 125) [1]), vom sächsischen Rechte (vgl. Urk. vom 20. Novbr. 1043 und 22. Juni 1044. Lepsius Gesch. der Bisch. von Nauburg S. 210. Wipo c. 6: crudelissima lex Saxonum), vom schwäbischen Rechte (Bernold z. J. 1075 und 1077. M. G. SS. V, S. 278 und 295), vom westfälischen Rechte (Möser Osnabr. Gesch., herausgegeben von Abeken III. S. 37, Urk. von 1043), vom lothringischen Rechte (Gesta epp. Cam. III, c. 40), vom fränkischen Rechte (Paderborner Urkunde von 1052 bei Erhard reg. Westph. S. 114). Bestätigt wird uns dasselbe von Wipo in der schon oben S. 32. Anm. 3 angeführten Stelle. Nach diesem Gewohnheits- und Stammesrecht ward natürlich gerichtet von Grafen, Voigten und auch dem Könige, wenn er bei seinen fortwährenden Wanderungen durch das deutsche Reich in den einzelnen Stämmen Gerichtstage abhielt.

Es ist das bisher bemerkte keineswegs überflüszig für unsere Frage, ob es in unserer Zeit schon beschworene Landfriedensbestimmungen gegeben habe. Denn in jedem Falle ist es nicht zu rechtfertigen, wenn Giesebrecht annimmt, dasz der Ausdruck lex (so die crudelissima lex Saxonum, so die S. 62 Anm. 3 angeführte) vorzugsweise den Inbegriff solcher Landfrieden in den einzelnen Stämmen bezeichnet habe. Wie kühn

---

1) Vgl. auch den Versuch Heinrichs III. das bairische Recht nach Ungarn zu verpflanzen Herm. Aug. 1044. und oben S. 21.

in manchen Fällen Giesebrecht in Interpretation einzelner Ausdrücke verfahren ist, um Gründe und Anhaltspunkte für die von ihm vertretene Ansicht zu gewinnen, ergiebt sich schon aus dem, was ich S. 35. Anm. 6 angeführt habe. Das Friedensedict aber der Elsaszer, aus dem allein man die Existenz solcher Landfriedensbestimmungen folgern könnte, ist falsch und unecht: es ist abgedruckt bei Grandidier, histoire d'Alsace I, S. 265. Eine Vergleichung mit den sonstigen aus späterer Zeit überlieferten Friedensedicten, der merkwürdige Eingang desselben, Ausdrücke wie plebeius, personatus serviens für Ministerialer, wie sie in dem ganzen Jahrhundert kein einziges Mal vorkommen, überzeugen auf den ersten Blick, dasz es ein ganz verstümmeltes schlechtes Machwerk der späteren Zeit ist.

Einen Landfrieden allerdings gab es. Den aber schützte und schirmte die gewaltige Persönlichkeit unserer Könige bis auf Heinrich IV. allein durch das Hofgericht (vgl. S. 62 und 63), dadurch dasz sie bei ihren fortwährenden Wanderungen nicht nur die Fürsten der einzelnen Stämme vor dasselbe zogen, durch einen ihnen aufgelegten Eid sie zwangen, an Landfriedensbrüchen nicht teilzunehmen, zu sorgen, dasz in ihrem Amtsbezirke und auf ihren Besitzungen der Frieden nach dem Stammesrechte aufrecht erhalten ward, sondern auch wol selbst in das Amt des Herzogs oder der Grafen eingriffen, in eigener Person Raubnester zerstörten (Herm. Aug. 1054). In jenem Synodalacte Heinrich III. vom Jahre 1043, wodurch, wie ich schon oben (S 35 und 63) nachgewiesen habe, keine beschworenen Landfriedensbestimmungen in den einzelnen Stämmen aufgerichtet wurden, wol aber ein seit langer Zeit unerhörter Frieden in Deutschland entstand, concentriert sich sicherlich noch einmal der ganze Glanz und die volle Macht des deutschen Königthums, wie es von Heinrich IV. Zeit an nicht wieder erscheint. Wenn im Jahre 1058 die fränkischen Grafen einmal zusammenkommen, um Maszregeln gegen Landfriedensstörer zu treffen, so war das ein Convent fränkischer Stammeshäupter, an dem auch gerichtliche Acte vollzogen sind[1]). Ich zweifle aber nicht, dasz bei ihren

---

[1]) Vgl. Ussermann, episcop. Wirceb. cod. dipl. S. 21: Anno dominicae incarnationis M. L. VIII. ind. XI. mense Julio sub die 12. Kal. mensis eiusdem in Orientali Francia in comitatu Gozuwini comitis in loco qui dicitur Othalmeshusen, factus est conventus fidelium principum de pace

steten Wanderungen die deutschen Könige gewöhnlich solchen Conventen vorsaszen, wie unter den Stämmen, wo das Stammesherzogthum noch bestand, die Herzöge. Ueberall griff der König durch sein Gericht ein, ja allein durch seine Anwesenheit und seine steten Wanderungen, um den Frieden, oder wie fromme Geschichtsschreiber sich ausdrücken, durch heiliges Friedensband das Reich zu schützen [1]). Von des mächtigen Persönlichkeit Heinrich III. zeugt es, wenn er trotz der steten Fürstenempörungen im Innern des Reiches diesz in dem Masze sowol durch Milde wie Strenge erreichte, dasz Zeitgenoszen ihn dessen laut rühmten, nach seinem Tode gerade in dieser Beziehung seine Regierung als eine goldene erschien.

Nicht allein auf diese Weise aber schirmte der deutsche König den Frieden. Und so komme ich auf jene Urkunden aur der Zeit Heinrich II., die man — ich weisz in der That nicht, wo durch veranlaszt — für solche Landfriedensbestimmungen gehalten hat, noch einmal zurück, obwol bereits Usinger in Sybels historischer Zeitschrift VIII. S. 427 und Pabst in Hirsch's Jahrbüchern des deutschen Reichs unter Heinrich II., Excurs III, S. 454 dasselbe in Abrede gestellt haben, ohne aber näher auf dieselben eingegangen zu sein: es sind die fälschlich so genannten Edicte Heinrich II. über die Streitigkeiten der Fuldaer und Hersfelder und der Wormser und Lorscher Dienstleute. (Dronke Codex dipl. Fuldensis 348. Codex Laureshamensis I, S. 156).

Die Unterthanen und Bauern der Klöster, Censualen, Schutzhörige und Grundhörige, zu denen dann auch die Ministerialen gehör-

---

facienda et sedanda latronum tyrannide et raptorum compescenda seditione. Convenere etiam ibi venerabilis abbas Fuldensis Egbertus nomine et quaedam matrona comitissa Alborada aliique quam plures nobiles comites ... folgt eine gerichtliche Tradition. — So gewinnen wir ein Verständnis für die oben S. 62. Anm. 2. angezogene Stelle aus Adalbold. Dort in Zürich verpflichtete Heinrich II. durch Eid die schwäbischen Groszen, in den ihnen untergebenen Districten für den Landfrieden zu sorgen und nicht selbst denselben zu brechen.

[1]) Vgl. Wipo c. 6: Quo transitu (Konrad II.) regna pacis foedere et regia tuitione firmissime cingebat. So sind alle derartige Stellen zu erklären. Es wirft dies auch zum Teil ein Licht auf den Vorwurf der sich am Ende seines Lebens gegen Heinrich III. erhob. Ich werde darauf in der Fortsetzung dieser Arbeit zurückkommen. Vgl. Herm. Aug. 1054.

ten, bildeten bekanntlich die Familie ihrer Schutzherrn und Grundherrn (Dönniges, deutsches Staatsrecht S. 596). Sie alle hatten Waffenfähigkeit, das Recht des Zweikampfes und das Fehderecht. Sie hatten ebenso das Recht der Blutrache. Aber wie nun bei den Fehden der Fürsten und Groszen des Reiches der König eingreifen und Stillstand derselben durch sein Gericht gebieten oder die Grafen und Groszen eines Stammes durch einen ihnen aufgelegten Eid zwingen konnte, für Recht und Frieden in ihren Amts- und Allodbezirken zu sorgen, so hatten nun, wie diese, auch die geistlichen Groszen das Recht, in die Fehden ihrer Unterthanen einzugreifen, konnten dem Mörder gebieten, das Wergeld zu zahlen, und den Verwanten des Erschlagenen, es anzunehmen (Dönniges 631). Solche Fälle nun kamen vor das Gericht des Voigtes, von der Anklage des Hausfriedensbruches und Mordes konnte man in dieser Weise sich nicht durch den Eid reinigen, muste sich dem glühenden Eisen oder der Waszerprobe als Gottesurteil unterwerfen. Verlust von Haut und Haar wie andere entebrende Strafen standen auf solchen Verbrechen. Es lag im Interesse der Geistlichkeit, auf alle Weise dafür zu sorgen, dasz weder ihrer Schutz- noch Grundherrschaft durch solche blutige Streitigkeiten und Fehden groszer Schaden und Verlust erwuchs. Burchard von Worms hat im ersten Wormser Stadtrechte (Walter Corpus iuris germanici III, S. 715), diese Verhältnisse so geordnet, wie ich im obigen geschildert habe (vgl. §. 33. §. 31). mit Zustimmung seiner Familiaren, genau so, wie es auch in den Bestimmungen Heinrich II. für Lorsch und Fulda geschehen. Burchard's Decrete aber hat noch keiner für Landfriedensbestimmungen gehalten. Hier hat der energische Bischof die gesetzliche Regelung der Criminaljustiz für seine Familiaren selbst übernommen. Nun waren in Lorsch und Fulda die Voigte in Handhabung der Gerechtigkeitspflege läszig geworden, die Aebte allein waren nicht vermögend, sie dazu anzuhalten. So war ein Einschreiten des Königs nothwendig geworden, um sowol die Voigte anzuhalten, als die Pflege der Criminaljustiz für die Lorscher und Fuldaer Unterthanen neu zu ordnen und zu regeln, keineswegs allein für die Dienstmannen; denn in Bezug auf diese finden sich die Bestimmungen erst am Ende. So stand die Macht des Königthums bei seinen fortwährenden Wanderungen durch die deutschen Provinzen den Geistlichen bei, auch im Unterthanenkreise Recht und Frieden zu schirmen.

Das sind meine Ansichten vom Landfrieden. Ich finde nichts von einer Gesetzgebung unserer Könige, die sich auf den Landfrieden bezogen hätte (Giesebrecht d. K. II, S. 595), nichts von vertragsmäszigen Friedenseinigungen zwischen König und Stämmen, wie sie eben derselbe Historiker (d. K. II, S. 635) anzunehmen scheint. Die erstere mit Strafsatzungen für Landfriedensbruch würde man sich allerdings wol als der Würde und Macht des deutschen Königthums angemeszen und entsprechend gefallen laszen können. Aber sie wird durch keine einzige der von Giesebrecht angezogenen Stellen aus Schriftstellern und Urkunden bestätigt. Wenn Hermann von Reichenau, nachdem er von jenem Synodalacte des Jahres 1043 gesprochen, berichtet: pacem multis seculis inauditam efficiens (Heinrich III) per edictum confirmavit, so bedeutet das eben, dasz Heinrich III. im vollen Bewustsein seiner Würde als Oberhauptes der Christenheit jenen groszmüthigen Verzeihungsact allen deutschen Stämmen, allen seinen Reichen verkündigte. Dazu ward ein solcher Act auch sonst wol einmal wiederholt, Zeugnis ablegend von der Gesinnungsweise Heinrich III. (Vgl. S. 35 und 63). Nirgends finde ich die Ansicht Giesebrechts bestätigt, es seien in Folge jenes Actes provincielle vertragsmäszige Landfrieden aufgerichtet. Wenn derselbe Historiker dann aber hinterher (S. 635), wie es in der That scheint, diese Landfrieden selbst von so geringer nachhaltiger Wirkung sich denkt, dasz man nach wenig Jahren bereits ohne Sanction der Krone neue Landfrieden zu errichten gezwungen gewesen sei, wie uns einen solchen das von mir als falsch und unecht nachgewiesene Elsaszer Friedensedict zeigt, so ist dagegen nur zu sagen, dasz in einer solchen Auffaszung sich eine totale Misverkennung der Macht des deutschen Königthums zeigt, dasz man in ganz unklarer Weise den Landfrieden nach dem Gottesfrieden sich zurecht gelegt hat. Nicht im entferntesten sind in unserer Zeit deutsche Zustände mit burgundischen und französischen zu vergleichen. Um den König und seine Vertreter, die Herzöge und Grafen dreht sich im deutschen Reiche die Pflege des Landfriedens, so aber, dasz jener jeden Augenblick in das Amt dieser eingreifen konnte. Freilich als dann die Macht des Königthums unter Heinrich IV. den ersten Stosz erlitt, da war die ganz nothwendige Folge, bei der durchaus unbestimmten Art der Gerechtigkeitspflege in allen Kreisen des Staates, dasz man auch in Deutschland zum Gottesfrieden und zu Landfriedensbestimmungen griff, die für mehrere Jahrhunderte noch einen Mittelpunkt für alle Kreise im Staate abgaben. So bildet die Regierung Heinrich IV. gerade auch in dieser Beziehung einen Wendepunkt.

Druckfehler.

Seite 21 Zeile 41 von oben lies coram omni populo statt coromni populo.
„ 31 „ 3 „ „ „ langdauernder statt langdanornden.
„ 37 „ 19 „ „ „ verknüpft statt verknüft.
„ 41 „ 26 „ „ „ Streitigkeiten statt Streitigkeilen.
„ 41 „ 31 „ „ „ es statt est.
„ 49 „ 35 „ „ „ Caesari statt Caestari.
„ 56 „ 1 „ „ „ folgt statt folg.
„ 60 „ 28 „ „ „ hier unbestimmt statt hieran bestimmt.
„ 62 „ 32 „ „ „ comitem statt comitum.
„ 76 „ 24 „ „ „ 1043 statt 1054.
„ 77 „ 7 „ „ „ der statt des.
„ 77 „ 14 „ „ „ aus statt aur.